ANSELM GRÜN

Das Glück beginnt in dir

ANSELM GRÜN

Das Glück beginnt in dir

Gute Gedanken für jeden Tag

Ausgewählt und herausgegeben von
Ludger Hohn-Morisch

HERDER

FREIBURG · BASEL · WIEN

Inhalt

Vorwort

Die Suche nach Glück prägt den Menschen seit der frühen griechischen Philosophie. Der wohl größte griechische Philosoph, Platon, stellt die These auf: «Alle Menschen wollen glücklich sein.» Aber für Platon ist der Weg zum Glück ein spiritueller Weg. Es ist ein Weg nach innen, zur Seele, zum göttlichen Kern im Menschen. Glück kann man nicht kaufen oder besitzen. Es gibt immer nur Augenblicke, in denen wir glücklich sind. Glück heißt: im Einklang mit sich selber sein, dankbar sein für das, was ich bin, für diesen einen Augenblick, in dem ich jetzt lebe.

Viele Ratgeberbücher meinen, sie könnten genau angeben, mit welchen Schritten man immer glücklich sein kann. Doch so einfach ist Glück nicht zu machen oder zu haben. Es ist eine Kunst, glücklich zu sein. Kunst kommt von können. Ich muss das Menschsein lernen, damit ich immer wieder Glück erfahren darf. Und Kunst kommt von Nachahmung. Ich muss nicht nur die Natur nachahmen, sondern auch meinem Wesen gemäß leben, die Natur meiner Seele nachahmen, um glücklich zu werden. Jesus hat in den Seligpreisungen einen achtfachen Pfad zum Glück, zum gelingenden Leben aufgezeigt.

Dieser Pfad ist kein Traumpfad, der aus dieser Welt herausführt oder der über der Realität dieser Welt schwebt. Jesus zeigt vielmehr einen sehr realistischen Weg, wie wir mitten in den Turbulenzen unseres Lebens, in den Erfahrungen von Erfolg und Misserfolg, von Freude und Leid, von Anerkennung und Ablehnung einen Weg finden, mit uns und mit Gott in Einklang zu kommen und so am Glück, das letztlich Gott selber ist, teilzuhaben.

In diesem Buch ist für jeden Tag des Jahres ein Text aus meinen Büchern ausgesucht worden. Nicht jeder Text mag den Leser oder die Leserin gerade in ihrer persönlichen Situation gleich ansprechen. Doch für viele ist es ein gutes Ritual, den Tag damit zu beginnen, den jeweiligen Text zu lesen. Das Lesen taucht den Leser in eine eigene Welt ein. Selbst wenn ich dem, was ich lese, nicht gleich folgen kann, fühle ich mich im Augenblick des Lesens anders. Ich bin in eine Welt versetzt, in der ich mit meiner Seele zu Hause bin. Ich wandere im Lesen nicht aus meiner konkreten Welt aus. Vielmehr betrete ich lesend ein Haus, in dem ich zu Hause sein kann, einen Raum, von dem aus ich einen anderen Blick auf meine Alltagswelt zu werfen vermag.

Wenn ich beim Lesen in das Haus meiner Seele eintrete, kann ich anders in meine Welt hinausgehen. Ich werde sie mit anderen Augen anschauen. Sie wird für mich nicht mehr bedrohlich sein. Im Lesen werde ich frei vom Verhaftetsein an die Probleme, die mich in meinem Alltag bedrängen.

Die Gedanken, die Sie, liebe Leserin, lieber Leser, in diesem Buch lesen, sind nicht immer neu. Manchmal werden Sie das Gefühl haben: Genauso denke ich auch. Da steht etwas, was ich in meiner Seele eigentlich genauso formulieren könnte, aber es bisher noch nicht getan habe. Wenn Sie dieses Gefühl haben, dann bin ich glücklich. Denn dann erreichen meine Worte ihr Ziel. Sie kommen mit sich selbst in Berührung. Meine Worte wollen Sie nicht belehren, sondern Sie in Berührung bringen mit der Weisheit Ihrer Seele.

Tief in Ihrem Herzen wissen Sie genau, was für Sie gut ist. Meine Worte wollen Ihnen das Vertrauen zu Ihrem eigenen Wissen und zu Ihrer eigenen Intuition schenken. Trauen Sie dem, was Sie in sich spüren. Dann wird Ihr Leben stimmig. Dann erleben Sie immer wieder Glücksmomente. Sie entdecken in sich eine Quelle von Weisheit, aus der Sie täglich schöpfen können. Die Texte dieses Buches möchten Sie zu dieser Quelle führen, die auf dem Grund Ihrer Seele sprudelt. Oft genug sind wir von dieser Quelle abgeschnitten. Die Sorgen des Alltags haben sich auf unsere Seele gelegt, so dass wir keine Beziehung mehr zur inneren Quelle haben.

Durch das Lesen können Sie die Verbindung mit dieser Quelle wieder spüren. Sie lassen sich dann nicht von mir als einem fremden Lehrer führen, sondern Ihr eigener innerer Lehrer belehrt Sie. Sie haben in sich einen Meister, der Ihnen zeigt, wie Sie Ihr Leben meistern können. Die Texte möchten Sie vertraut machen mit dem Meister in Ihnen. Sie selbst finden dann den Weg zum gelingenden Leben.

Gelingendes Leben meint jedoch nicht, dass Ihnen jetzt alles gelingen wird, dass die Welt für Sie heil wird und ganz. Sie werden nach wie vor den Turbulenzen des Lebens ausgesetzt sein. Und oft genug werden Sie das Gefühl haben, es nicht zu schaffen, überfordert zu sein. Verurteilen Sie sich dann nicht! Werfen Sie sich nicht vor, dass Sie trotz allem Suchen und Lesen nicht weitergekommen sind. Kommen Sie dann mitten in Ihrer Enttäuschung, in Ihrer Hilflosigkeit mit Ihrer Seele und mit dem inneren Lehrer in Berührung. Lesen Sie einen Text, der Sie aus der bedrängenden Situation hinausführt in das Haus Ihrer Seele, in dem Sie zu Hause sind und von Ihrem inneren Meister lernen, die Welt mit anderen Augen zu sehen.

Dann wird Sie die bedrängende Situation nicht mehr im Griff haben. Ihre Seele entzieht sich dem Bedrohlichen. Sie bekommt durch das Lesen Flügel, um über die Alltagskonflikte hinwegzufliegen, sie von oben zu betrachten, um ihnen dann anders begegnen zu können.

So wünsche ich Ihnen, liebe Leserin, lieber Leser, dass dieses Buch für Sie ein guter Begleiter durch das Jahr wird, dass jeder Tag für Sie ein gesegneter Tag wird, dass die Texte Ihre Augen öffnen für die heilende und liebende Nähe Gottes, die Sie umgibt, und dass die Texte Sie in Berührung bringen mit Ihrer Seele und mit dem inneren Meister, der Sie die Kunst des gelingenden Lebens lehrt, der Ihnen die Augen öffnet für die Augenblicke des Glücks, die täglich auf Sie warten.

Anselm Grün

JANUAR
Mit Vertrauen und Gelassenheit

Das neue Jahr segnen

Ganz gleich, wie Sie das neue Jahr beginnen, allein oder in Gemeinschaft, schweigend oder feiernd, ein guter Weg ist es immer, das neue Jahr zu segnen: Stellen Sie sich aufrecht hin und erheben Sie die Hände zur Segensgebärde. Halten Sie die Hände über dem Kopf nach vorne geöffnet und senden Sie den Segen durch Ihre Hände zu allem, was Ihnen im neuen Jahr begegnen wird. Vertrauen Sie darauf, dass Gottes Segen durch Ihre Hände in alles hineinfließt, was Sie in diesem Jahr in die Hand nehmen und anpacken werden. – Versuchen Sie, jeden Tag im Januar mit dieser Segensgebärde zu beginnen. Schicken Sie den Segen in die Räume Ihrer Wohnung und zu den Mitgliedern Ihrer Familie und zu Ihren Freunden. Senden Sie den Segen auch in die Räume, wo Sie arbeiten, und zu den Menschen, mit denen Sie zusammenarbeiten. Dann werden Sie den Tag anders erleben. Sie gehen überall in gesegnete Räume und werden gesegneten Menschen begegnen. Das wird auch Ihnen Segen bringen. ∾

2. JANUAR

Spuren einer Liebe ...

Wenn wir überlegen, was wir als Vermächtnis den Menschen hinterlassen möchten, was wir mit unserem Leben eigentlich ausdrücken möchten, dann werden wir nicht mehr um unsere Krankheit und unsere Einsamkeit kreisen, dann wird uns das Geheimnis unseres Lebens aufgehen, dass wir endliche Menschen sind, die auf ihrem kurzen Weg in dieser Welt Spuren einer Liebe hinterlassen möchten, die den Menschen nach uns den Weg in neue Dimensionen weisen, in die Dimension der göttlichen Liebe, die schon unser eigenes Leben verwandelt und ihm einen unendlichen Sinn schenkt. ∾

3. JANUAR

Erinnerungszeichen

Rituale sind Erinnerungszeichen. Sie bringen das, was ich vom Kopf her weiß, in mein Herz und in mein Inneres. Sie erinnern mich daran, dass Gott bei mir und in mir ist. Wir brauchen solche Erinnerungszeichen, damit wir nicht vergessen, wer wir eigentlich sind: Söhne und Töchter Gottes. Sie rufen uns ins Bewusstsein, dass Gott mit uns geht und uns auf unseren Wegen schützt und segnet. ∾

4. JANUAR
Feste haben heilende Wirkung

Feste bringen einen wesentlichen Aspekt unserer Seele zur Sprache. Ein Fest feiert man nur, wenn man davon leben kann, und indem wir ein Fest feiern, kommt in unserer Seele etwas Wichtiges in Bewegung. Unsere Gefährdungen werden angesprochen, aber zugleich sind auch Wege aufgezeigt, wie die Gefährdungen überwunden werden können. Feste haben eine heilende Wirkung. Denn wenn wir uns ihrem Rhythmus überlassen, kommt auch unsere Seele und mit ihr unser Leib in einen gesunden Rhythmus. ༺

5. JANUAR
Annehmen, zulassen

Wer die Welt nicht sehen will, wie sie wirklich ist, der wird mit ihr ewig im Streit liegen und so nie in sich selbst zur Einheit finden. Das zeigt uns jemand, der sich weigert, die Welt so zu nehmen, wie sie ist, und der sich lieber in seine eigene Scheinwelt flüchtet. Ein Mensch, der die Welt anders haben will, als sie ist, weil sie seinem Willen entgegensteht, wird ständig mit sich und seiner Umwelt zerstritten sein.
Die Welt annehmen, wie sie ist, ist daher nicht nur entscheidend für die Erkenntnis der Wahrheit, sondern auch für die Selbsterfahrung und Grundstimmung des Menschen. Der Grundsatz «Ich kann nur ändern, was ich angenommen (zugelassen) habe», gilt auch für unsere Beziehung zur Welt. ༺

6. JANUAR

Das göttliche Kind

Im Matthäusevangelium sind es Magier, die das Kind anbeten, Sterndeuter, Traumdeuter, Männer aus der Ferne. Die Tradition hat in ihnen Könige gesehen. Drei Könige sind es, weil sie für die drei Bereiche des Menschen stehen, für Leib, Seele und Geist, für Verstand, Gefühl und Willen. Königliche Menschen sind es, die sich ihrer Würde bewusst sind. Und dennoch fallen sie nieder vor dem göttlichen Kind, weil sie in ihm etwas erkennen, was ihnen fehlt: einzigartiger Ausdruck Gottes in der Welt. ⁓

7. JANUAR

Königliche Menschen

Die drei Gaben der Magier zeigen auch, wer wir eigentlich sind, welchen Traum Gott von uns geträumt hat. Wir sind königliche Menschen. König ist der, der selber lebt, anstatt von außen gelebt zu werden, der selbst herrscht, anstatt von andern beherrscht zu werden. König ist der ganze Mensch, der zu sich und in sich steht. Und wir sind durch die Menschwerdung Gottes in Jesus Christus selbst zu göttlichen Menschen geworden. Gott hat unsere sterbliche Natur verwandelt. In unserer Tiefe sind wir eins mit ihm. Darin besteht unser wahres Wesen. Das göttliche Leben ist in uns. Tief in unserer Seele sind wir schon am Ziel. ⁓

8. JANUAR

Lass dich nicht leben!

Lass dich nicht leben. Lebe! Lass dich nicht von außen fremd bestimmen und beeinflussen. Sei du selber! Sei von innen her authentisch und versuche, immer stärker der zu werden, der du bist: Das ist das Ziel eines jeden Lebens. Es ist auch das Ziel des geistlichen Wegs. Auch hier geht es darum, zu mehr Selbstvertrauen und zu stärkerem Selbstwertgefühl zu gelangen. Viele sehen darin einen Widerspruch und meinen, Selbstverwirklichung stehe im Gegensatz zum christlichen Weg der Selbstverleugnung. Doch das stimmt nicht. Es geht nicht darum, sein Ego ins Zentrum zu stellen und es auf Kosten anderer zu verwirklichen. Im Gegenteil: Wir sollten zu unserem wahren Selbst gelangen, zu dem einmaligen Bild, das Gott sich von uns gemacht hat. ∞

9. JANUAR

Fester Grund

Wenn ich auf Gott vertraue, wächst auch mein Selbstvertrauen. Wenn ich in ihm festen Grund verspüre, dann bin ich sicherer. Wirkliche Sicherheit und wirkliche innere Stärke hängt nicht davon ab, dass ich nach außen stark auftrete. Sie hängt davon ab, ob ich mich getragen weiß und mich so annehme, wie ich bin. Das verleiht ein Selbstvertrauen, das auch durch Missgeschicke nicht zerstört werden kann. Denn es liegt tiefer als nach außen zur Schau getragene Sicherheit. ∞

Mit der Zeit umgehen

«Leben», so hat jemand einmal gesagt, «das heißt vor allem: mit der Zeit umgehen!» Leben heißt nicht nur, Zeit einfach verbringen, sie «herumbringen». Wir gestalten unser Leben, wir geben ihm Gestalt und Sinn auch dadurch, dass wir bewusst mit unserer Zeit umgehen.

Wir sind allerdings nicht nur auf uns selber gestellt und nicht immer Herren unseres eigenen Lebens. Gerade im Arbeitsleben spüren wir das. Wir können uns nicht aussuchen, was wir täglich zu arbeiten haben. Vieles ist uns vorgegeben und nimmt unsere Zeit in Anspruch. Es ist uns in den seltensten Fällen vergönnt, über unsere Zeit frei zu verfügen. Wir müssen uns auf das einlassen, was uns jeder Tag an Anforderungen stellt. Aber es kommt darauf an, wie ich mich auf die Zeit einlasse und mich auf das einstelle, was da auf mich zukommt.

Ich kann die Zeit als Gegner ansehen. Dann werde ich ständig mit meiner Zeit kämpfen. Ich werde versuchen, die Arbeitszeit möglichst schnell hinter mich zu bringen, um mehr Zeit für mich zu haben. Aber auch wenn ich dann Zeit für mich habe, werde ich sie wieder mit vielen neuen Aktivitäten zustopfen.

Elementares Lebenswissen

Wir lernen heute viel, aber das elementare Lebenswissen kommt zu kurz, das, was früher durch Tradition oder persönliches Vorbild weitergegeben wurde. Denn nicht nur um anwendbare und verwertbare Fertigkeiten geht es. Zumindest nicht, wenn wir von einem gelingenden oder guten Leben sprechen. Sondern es geht, wenn wir danach fragen, was ein glückendes und sinnvolles Leben ausmacht, auch um die rechte Balance, um den Ausgleich zwischen den unterschiedlichsten Ansprüchen, die auf den Einzelnen von allen Seiten her eindringen, um die rechte Haltung, die wir brauchen, damit wir unser Leben gut bestehen. Um die «Schulung» dieser Balance geht es jeden Tag. Und die Einübung in dieses Gleichgewicht ist immer wieder neu unsere Aufgabe. ∾

Offenheit und Neugier

Schon in der Schule geht es nicht immer gleich um den Nutzen, den wir unmittelbar aus dem Lernen und einem konkreten Wissen ziehen. Es geht vielmehr darum, sich in viele Bereiche hineinzuarbeiten, um sich im Leben in seiner ganzen Vielfalt auszukennen und sich in seiner Weite zurechtzufinden. Es ist wichtig und gut, wenn man bestimmte Lerntechniken beherrscht. Aber es braucht für wirkliche Lebenstüchtigkeit noch etwas Anderes und etwas ganz Grundsätzliches: eine Haltung der Offenheit und Neugier. ∾

13. JANUAR
Das rechte Maß

Das richtige Maß zu finden ist die Voraussetzung für ein gesundes Leben. Das rechte Maß meint nicht Mittelmäßigkeit. Was mein Maß ist, das erkenne ich erst, wenn ich über mein Maß hinausgegangen bin. Aber auf Dauer kann ich nicht über mein Maß leben. Sonst werde ich krank und falle in mich zusammen. Und das Maß ist heute wichtig für unser Wirtschaften. Wir können nicht maßlos wachsen. Wir müssen das Maß bewahren, das uns die Schöpfung vorgibt. Sonst beuten wir die Natur aus und verkleinern das Maß, das wir den Nachfahren zugestehen. ∾

14. JANUAR
Mir selbst gerecht werden

In der Gerechtigkeit geht es nicht nur um die soziale Gerechtigkeit, dass ich allen Menschen gerecht werde und die Güter in der Welt gerecht verteile. Vielmehr beginnt die Gerechtigkeit damit, dass ich den verschiedenen Seelenkräften gerecht werde. Ich muss also alles, was in mir ist, berücksichtigen, damit ich richtig leben kann. Ich werde mir selbst gerecht. Dann bin ich auch fähig, anderen gerecht zu werden und richtig mit ihnen umzugehen. ∾

15. JANUAR
Gelassenheit hört nicht auf zu träumen

Gelassenheit ist eine Tugend, die mit der Bereitschaft, sich auf die Wirklichkeit, so wie sie ist, einzulassen, durchaus zusammenpasst. Sie ist das Gegenteil einer Abkehr von der Welt, der der Gang der Dinge und das Schicksal der Menschen gleichgültig sind und die sich von der Not der anderen nicht berühren lässt. Auch wenn Gelassenheit bedeutet, loslassen zu können und an Zielen nicht festzuhalten, wenn sie sich als unerreichbar herausstellen, heißt das nicht, dass damit auch die Sehnsucht stirbt und der Traum von einer besseren Welt einfach ausgeträumt ist. ∾

16. JANUAR
Anhaften verdirbt alles

«Wer an seinem Leben hängt, verliert es; wer aber sein Leben in dieser Welt gering achtet, wird es bewahren bis ins ewige Leben.» Dieser Satz steht im Evangelium des Johannes (12,24f). Wir müssen demnach uns und unsere Vorstellungen vom Leben loslassen, dann wird sich uns ein Raum von neuen Möglichkeiten auftun. Wir müssen den Nächsten loslassen, dann wird wirkliche Beziehung möglich. Wenn sich in einer Partnerschaft einer am anderen festklammert, wird die Beziehung auf Dauer unmöglich. Eine Partnerschaft kann nur bestehen, wenn einer den andern loslässt und freilässt. Loslassen, so sagt uns auch die Psychologie, ist die Voraussetzung für ein erfülltes Leben. ∾

17. JANUAR
Loslassen

Auf dem Weg zu seinem Wesen begegnet der Mensch seinen Grundnöten, die mit seiner Existenz gegeben sind. Es sind die Grundnöte «des Todes, des Absurden und der totalen Einsamkeit». Graf Dürckheim nennt es Nachfolge Christi, sich diesen Grundnöten zu stellen und dabei das Kreuz der eigenen Menschwerdung anzunehmen, die nur über das Loslassen des Welt-Ichs möglich wird. Das Welt-Ich klammert sich an weltliche Sicherungen. Doch das spirituelle Selbst, zu dem der Mensch vordringen sollte, ist durchlässig für Gott, «durchtönend für Christus». ∾

18. JANUAR
Was der Leib erzählt

Ob jemand durchlässig für Gott ist, das können wir am Leib feststellen. Wenn einer sich in seinen Schultern festhält, dann drückt er damit seine Angst aus. Er kann noch so sehr seinen Glauben mit Worten bezeugen, in seinem Innersten glaubt er nicht. Er hält sich an sich selbst fest. Ich bin immer skeptisch, wenn einer sein Vertrauen in Gott in allzu starken Worten ausdrückt. Ich schaue mir dann den Menschen genau an und sehe oft, wie verkrampft er ist, wie er sich innerlich an etwas festklammert, das nicht Gott ist. Denn wenn er Gott vertrauen würde, würde ich das in seinem Leib wahrnehmen, an seiner Lockerheit und Gelassenheit erkennen. ∾

19. JANUAR
Schwächen lieben

Im Gespräch erlebe ich immer wieder Menschen, die innerlich gegen sich wüten und sich mit Gewalt anders haben wollen. Doch wenn ich gegen mich wüte, wenn ich mich verurteile, dass ich so bin, wie ich bin, dann kann ich mich auch nicht ändern. Dann bleibe ich im Kampf gegen mich selbst stecken. Das, was ich an mir verurteile, schneide ich ab. Es wird sich nicht wandeln. Ich muss akzeptieren, dass ich diese oder jene Schwächen und Fehler habe. Die Schwäche wird mir immer bleiben. Daher muss ich liebevoll mit ihr umgehen. Dann wird sie sich wandeln. ∾

20. JANUAR
Zwei Pole

Ich werde immer auch Defizite in meiner Liebe zu mir selbst haben. Wenn ich sage: Selbstliebe und Nächstenliebe greifen ineinander, dann bedeutet das: Manchmal wende ich mich mehr dem einen, manchmal mehr dem anderen Pol zu. Aber oft sind die beiden Pole auch gleichzeitig da. Indem ich einem anderen geholfen habe, spüre ich auch eine neue Qualität der Selbstliebe. Ich bin dankbar für mich selbst und für das, was Gott mir an Fähigkeiten und an Herzlichkeit geschenkt hat. ∾

21. JANUAR

Führung übernehmen

Trau dir zu, Führung zu übernehmen, wenn Konflikte um dich herum auftauchen. Anstatt zu jammern, wie schwierig alles ist, ergreife die Initiative und gestalte mit starker und klarer Hand, was chaotisch und unklar ist. ∾

22. JANUAR

Feierabend

Das Wort Feierabend kommt ursprünglich daher, dass der Abend vor einem Feiertag schon zum Fest gehörte. Man bereitete sich an diesem Abend schon auf das Fest vor. Heute benutzen wir dieses Wort für jeden freien Abend. Mit diesem Wort drücken wir aus, dass wir den Abend feiern wollen. Unser deutsches Wort «Feiertag» kommt ja vom lateinischen Wort «feriae» (geschäftsfreie Feiertage, für religiöse Handlungen bestimmte Tage). Wenn wir vom Feierabend sprechen, dann klingt in diesem Wort noch nach, dass es eine freie Zeit sein soll, eine Zeit, die wir nicht wieder zustopfen mit Aktivitäten. Vielmehr sind Feiertage und Feierabende letztlich immer auf Gott bezogen. Am Feierabend soll ich spüren, dass mein Leben in Gottes Hand ist und nicht von anderen Menschen, auch nicht von Ansprüchen der Wirtschaft bestimmt wird. ∾

23. JANUAR
Durchatmen

Viele fühlen sich am Abend gestresst. Sie möchten wieder mit ihrer inneren Quelle in Berührung kommen. – Für den einen ist die Meditation der Weg: Im Ausatmen atme ich den Staub des vergangenen Tages aus, die Sorgen und Probleme, alles, was sich auf meine Seele gelegt hat. Und im Ausatmen gelange ich auf den Grund meiner Seele und stelle mir vor, dass dort die Quelle strömt. Im Einatmen lasse ich dann das frische Quellwasser in den Leib fließen. Für einen anderen ist ein Spaziergang durch die Natur belebend. In der Natur hat er teil an ihrer Lebenskraft, die schier unerschöpflich zu sein scheint. Er spürt die frische Abendluft und erneuert sich.

24. JANUAR
Türen öffnen und Türen schließen

Rituale schließen eine Tür und öffnen eine Tür. Dieses Bild gilt für die typischen Übergangsrituale: bei Geburt und Tod, bei Tag und Nacht, bei Arbeit und Freizeit. Wenn die Tür des Tages am Abend nicht geschlossen wird, können wir uns auf die Nacht nicht angemessen einlassen. Der Tag wird die Nacht noch prägen und uns oft genug nicht richtig schlafen lassen, wenn wir ihn nicht bewusst beenden. Nur wenn die Tür zum Alten geschlossen wird, öffnet sich ein Zugang für das Neue, eine Tür für den jetzigen Augenblick. Wer nie Türen schließt, der steht immer im Durchzug. Doch das tut seiner Seele und seinem Leib nicht gut. Unser Leben braucht geschlossene Räume, damit es sich entfaltet, damit Begegnung möglich wird und wir uns auf den jeweiligen Augenblick einlassen können.

Von der Kunst, gegenwärtig zu sein

Es ist eine Kunst, gegenwärtig zu sein. Ich mache mich frei von dem ständigen Urteilen und Nachdenken über die Vergangenheit und frei von der Angst um die Zukunft. Das ist nicht einfach. Es braucht Übung, bis ich die Gedanken an die Vergangenheit und Zukunft lassen kann und mich völlig dem gegenwärtigen Augenblick widme. Es braucht eine innere Freiheit, um gegenwärtig zu sein. Aber wenn es mir gelingt, dann empfinde ich wirkliches Leben. Dann ist jeder Augenblick kostbar. Ich bin ganz präsent. So erfahre ich die Wirklichkeit in ihrer Tiefe. Dann umfasst der Augenblick alles: Himmel und Erde, Zeit und Ewigkeit, Gott und Mensch. Ich lebe dann wirklich. ॰ﮩﮩ

26. JANUAR
Alles hat seine Zeit

Die Flucht ins Tempo ist nicht der Weg zum Glück. Und wenn die Forderung lautet: Alles gleichzeitig, alles sofort und jederzeit, dann ist das nicht die Devise für wahres Glück. Es gibt Menschen, die nicht bei einer Sache bleiben können. Sie hören Musik und lesen dabei. Oder sie essen und sehen gleichzeitig fern. Sie reisen und telefonieren dabei. Sie sind irgendwo und doch eigentlich nirgends. Sie sind nie dort, wo sie sich gerade bewegen. Auch die freie Zeit füllen sie mit rastlosen Aktivitäten aus. Sie stopfen ohne Maß in ihre Zeit vieles hinein, was sie gar nicht verdauen können. Sie wollen die Zeit überlisten, indem sie immer mehr tun und jede Minute ausnutzen. Doch irgendwann wird, wer so handelt, unfähig, die Zeit überhaupt noch wahrzunehmen und zu genießen. ᘐ

27. JANUAR
Das Doppelgesicht

Gerade heute, in einer Zeit, in der Arbeit zu einem kostbaren Gut geworden ist, das nicht mehr selbstverständlich ist, spüren wir, wie sehr sie zum Menschsein gehört. Allerdings ist sie gerade deshalb auch zum Problem geworden. Diejenigen, die Arbeit haben und darunter leiden, dass immer mehr von immer weniger Menschen geleistet werden muss, machen die Erfahrung: Arbeit hat immer noch ein Doppelgesicht. Auch in der heutigen Arbeit gibt es die beiden Pole: sich einlassen und abgrenzen, arbeiten und ausruhen. Es gibt die Lust und die Last, die Freude, zu arbeiten, und die Freude, die Arbeit loszulassen. Es ist eine Kunst, diese beiden Pole immer gut auszutarieren. ᘐ

Schmollwinkel

Die erste Aufgabe, die uns das Erwachsenwerden stellt, besteht darin, die Verantwortung für uns selbst zu übernehmen. Da gibt es Menschen, die dazu nicht bereit sind. Sie klagen ihr Leben lang die Eltern an. Die Eltern sind schuld, dass aus ihnen nichts geworden ist. Der Vorwurf bewahrt sie davor, ihr Leben selbst in die Hand zu nehmen. Sie sind nicht bereit zu kämpfen. Sie haben Angst vor den Folgen des Kampfes, vor den schmerzhaften Erfahrungen, die sie erwarten. Wer kämpft, wird auch verletzt. Wenn ich versuche, mein Leben selbst zu gestalten, werde ich immer auch an meine Grenzen kommen. Manches wird mir nicht so gelingen, wie ich mir das erhofft habe. Aber wenn ich, anstatt geduldig an mir weiter zu arbeiten, lieber andern vorwerfe, dass sie daran schuld sind, wenn mein Leben nicht gelingt, werde ich nie erwachsen. Wer das tut, wird sein Leben lang im Schmollwinkel sitzen bleiben. ∾

29. JANUAR
Meine Stärken

Psychotherapeuten raten uns, zu fragen, wo wir uns gut füh-len, und uns in solche Situationen innerlich hinein zu bege-ben. Dadurch kommen wir in Berührung mit dem Potential an Möglichkeiten und Energien, die in uns stecken. Anstatt nur unsere Probleme zu besprechen und uns auf unsere Lei-den und Schwächen zu konzentrieren, motivieren sie uns, da-rauf zu achten, was wir gut können, wo wir unsere Fähigkei-ten sehen, was uns leicht von der Hand geht. Sie regen uns an, mit unseren Möglichkeiten und Fähigkeiten in Berührung zu kommen. Jeder von uns hat solche Stärken. ⌒

30. JANUAR
Illusionen

Nur der findet wirklich zur Gelassenheit, der sich selbst loszu-lassen vermag. Unser Ego mischt sich in alles hinein, was wir tun. Es kommt nie zur Ruhe. Es will immer glänzen, immer herrschen, immer alles haben. Daher ist es eine harte Arbeit, es immer wieder loszulassen. Dabei geht es nicht darum, das Ego zu zerbrechen. Denn ohne Ich können wir nicht leben. Aber das Ego drückt sich aus in vielen Illusionen, die wir uns vom Leben gemacht haben. Wir nähren in uns die Illusion, dass wir alles im Griff haben, dass wir die Besten sind, dass wir erreichen werden, was wir wollen. Nur wer sein Ego mit seinen vielen Illusionen loslässt, wird wirklich gelassen und innerlich frei. ⌒

Gelassenheit

Die Haltung der Gelassenheit ist seit der griechischen Philosophie ein Zeichen eines weisen und reifen Menschen. Er wird nicht von seinen Affekten beherrscht. Er ist frei von Abhängigkeit und Anhänglichkeit. In der Mystik wird die Gelassenheit als wichtige spirituelle Tugend gesehen. Meister Eckhart spricht vom gelassenen Menschen, der nicht nur die materiellen Dinge loslässt und sich von ihnen nicht mehr knechten lässt. Er lässt auch Menschen los. Er ist fähig zu guten freundschaftlichen Beziehungen. Aber er hängt sich nicht daran. Und letztlich soll der geistliche Mensch auch Gott lassen. Das klingt paradox. Aber Meister Eckhart weiß, dass wir uns oft an unseren Bildern festklammern. Damit wir offen werden für den ganz anderen Gott, müssen wir Gott um Gottes willen lassen, müssen wir unsere Gottesbilder loslassen. ∾

FEBRUAR

Ein ganzer Mensch sein

1. FEBRUAR
Stille Reserven

Das Prinzip der Nachhaltigkeit gilt auch für unser persönliches Leben. «Nachhalt» bedeutet: das, was man für Not-
zeiten zurückbehält. Der Mensch darf sich nicht ein für alte
Male verausgaben. Er muss sich stille Reserven aufbauen,
aus denen er schöpfen kann, wenn es ihm einmal nicht so
gut geht. Es ist die innere Ruhe, auf die man zurückkommen
kann, wenn es neue Energie fürs Leben braucht. Es gibt Menschen, die schnell auf neue Ideen anspringen und euphorisch
ihr ganzes Pulver verschießen. Nachhaltigkeit in der persönlichen Lebensführung braucht einen guten Umgang mit den
inneren Ressourcen. ∾

2. FEBRUAR
Aufmerken, aufwachen, aufhorchen

Achtsamkeit ist erhöhte Aufmerksamkeit. Ein Mensch, der sich
treiben lässt, der nicht bei sich ist, der in der Menge aufgeht,
verliert diese Fähigkeit. Einsamkeit fördert die Achtsamkeit.
Simone Weil hat dies so begründet: «Wer sich ganz bewusst
allein der Einsamkeit stellt, wer sich nicht ablenken lässt, der
befreit sich zusehends von den äußeren Einflüssen, er kommt
zu sich und wird frei.» Der Weg dahin, so die französische Phi
losophin, besteht darin, ganz im Augenblick sein: «Der Wert
der Einsamkeit liegt in der Ermöglichung einer höheren Aufmerksamkeit!» ∾

3. FEBRUAR

Das weite Herz

«Die Geizigen sind mit den Bienen zu vergleichen. Sie arbeiten, als ob sie ewig leben würden!» (Demokrit). Vor lauter Arbeit vergisst der Geizige das Genießen, das Seine für sich zu genießen und mit anderen zu teilen. Wirklich freuen kann ich mich am Besitz nur dann, wenn ich auch mit anderen teile. Wenn ich für mich allein esse, empfinde ich weniger Freude, als wenn ich mit anderen Mahl halte und sie an meinen Gaben Anteil nehmen lasse. Der Geizige kennt nur Arbeiten und Sparen. Er vergisst dabei das Leben. Geiz engt das Herz ein. Der Großzügige hat dagegen ein weites Herz. ∾

4. FEBRUAR

Alle willkommen

Das alte Judentum kennt den hohen Wert der Gastfreundschaft. Der Talmud sagt von ihr, dass sie gleich viel wiegt wie der Gottesdienst. Dort, wo Religion die Menschen prägt, ist Gastfreundschaft immer als hohes Gut angesehen worden. Und der Wert einer Kultur zeigt sich in der Hochschätzung der Gastfreundschaft. Sie trägt dazu bei, Vorurteile gegenüber Fremden abzubauen und Gemeinschaft zu stiften. Ich bin dankbar, dass ich daheim ein gastfreundliches Haus erlebt habe. Meinem Vater waren alle willkommen: Schon in den fünfziger Jahren hat er immer zu Weihnachten ausländische Studenten eingeladen, mit uns das Fest zu feiern. ∾

Lob der Klugheit

Klugheit bewahrt vor unnötigen Fehlern. Jesus lobt den klugen Mann, der sein Haus auf Felsen gebaut hat. Der kluge Mann weiß, worauf es ankommt. Er handelt überlegt. Er baut sein Haus auf den stabilsten Grund. So können ihm die Stürme des Lebens nichts anhaben. Jesus stellt die klugen Jungfrauen den törichten gegenüber, die einfach nur in den Tag hinein leben. Die klugen sehen sich vor. Sie sorgen dafür, dass sie genügend Öl bei sich haben, auch wenn sie länger warten müssen. ‿

6. FEBRUAR

Kluger Energieeinsatz

Die Beispiele des Evangeliums zeigen, wie die Klugheit uns hilft, mit dem Leben besser zurechtzukommen. Die törichten Jungfrauen müssen viel Energie verschwenden – und mitten in der Nacht ins Dorf zurück, um Öl zu kaufen. Und dann kommen sie zu spät. Der törichte Mann baut sein Haus auf Sand. Er muss genauso viel Kraft aufwenden für seinen Hausbau wie der Kluge. Aber sobald Stürme kommen, stürzt sein Haus zusammen. Und der ganze Kraftaufwand war umsonst. Der Kluge geht sorgfältig mit der Energie um, die ihm Gott zur Verfügung gestellt hat. Da er sie nicht verschwendet, hat er immer genügend Vorrat, aus dem er schöpfen kann. Seine Quelle versiegt nicht, weil er sie richtig einschätzt. ‿

Nein sagen

Ich ärgere mich jedes Mal, wenn ich mich von jemandem zu etwas überreden lasse, was ich eigentlich gar nicht wollte. Inzwischen habe ich einige Strategien entwickelt, die mich vor dem Ärger über mich selbst bewahren und mir helfen, mich besser und konsequenter abzugrenzen.

Die erste Strategie ist, dass ich am Telefon nie sofort zusage, sondern erst eine Bedenkzeit erbitte. Dann habe ich Zeit, meine Gefühle zu sortieren. Was spricht dafür? Ist es sinnvoll, dorthin zu gehen? Habe ich Lust dazu? Wehrt sich alles in mir dagegen? Fühle ich mich ausgenutzt? Ich höre dann auf mein Gefühl. Wenn ich in mir Ablehnung und Widerstand spüre, kann ich am nächsten Tag klar absagen.

Eine andere Strategie ist für mich, klare Tabuzeiten für mich zu reservieren. Früher habe ich auch am Sonntagnachmittag noch Gespräche angenommen. Es gab keinen Grund, nein zu sagen, wenn jemand ein Gespräch haben wollte. Jetzt habe ich mir den Sonntagnachmittag und einen Abend in der Woche reserviert. Das ist die Zeit des Rückzugs, in der ich nicht erreichbar bin. Jeder braucht in seinem Leben solche Tabuzonen, die ihm heilig sind. Das Heilige ist das, was der Welt entzogen ist. Rituale können helfen, solche Zonen zu schützen. Sie schaffen einen heiligen Raum, der von ständigen entfremdenden Anforderungen, die auf uns einstürmen, befreit ist. Die Zeit, die ich mir für mich reserviere, ist in diesem Sinne eine heilige Zeit, weil sie für mich einen Wert hat, den ich mir von keinen anderen Werten streitig machen lasse. ᴄᴠ

8. FEBRUAR
Anstand – Innehalten

Anstand ist kein moderner Begriff. Er erinnert uns an das bürgerliche 19. Jahrhundert. Doch ein Zeitgenosse und Zeuge der jüngsten Geschichte, Wladyslaw Bartoszewski, der ehemalige polnische Außenminister, der als junger Mann das KZ Auschwitz überlebte und bald darauf in stalinistische Gefängnisse kam, hat im Rückblick auf ein keineswegs einfaches Leben ein Buch geschrieben mit dem Titel: «Es lohnt sich, anständig zu sein.» In seiner Bilanz wird deutlich: Anstand ist mehr als gutes Benehmen. Es ist eine Haltung, die alle Entscheidungen und Handlungen bestimmt. Anständig ist – dem Wortsinn nach – der, der stehen bleibt und wartet. So kann er den anderen wahrnehmen. Zum Anstand gehört das Innehatten. Nur so kann ich die Situation richtig einschätzen. Und ich werde erkennen, wie ich mich so verhalte, dass es der Situation entspricht. ∾

9. FEBRUAR
Im anderen ich selbst

Für Andreas Brenner und Jörg Zirfas gehört diese Haltung zum guten Miteinander: «Wer anständig bleibt, der erkennt im anderen den, der er selber ist: einen Menschen. Diesen mit Anstand zu beachten rührt also letztlich aus einer Selbstachtung!» Solcher Anstand ist immer angebracht. ∾

Die Kraft der Höflichkeit

Ein Spruch der Indianer lautet: «Du lächelst, ich lächle, so sind wir beide glücklich, aber tief drunten, im Innern ist Hass zwischen uns. Lass uns nicht zeigen, was wir innen fühlen füreinander. Lächeln wir weiter, bis wir unseren Hass hinweglächeln.» Das mag zunächst verwirren. Wir haben heute ein gutes Gespür für Stimmigkeit und Authentizität. Wir sollen uns nicht verstellen. Höflichkeit verstellt sich nicht. Sie weiß um die Verletzbarkeit des Menschen, und sie weiß auch um die Hassgefühle in uns. Um uns und den anderen vor solchen Gefühlen zu schützen, sind wir höflich. Doch wir hoffen, dass die Höflichkeit die Hassgefühle überwindet, dass sie nicht bloße Fassade bleibt, sondern all die Hindernisse eines menschlichen Miteinanders überwindet. ∾

11. FEBRUAR

Vergeben erlöst

Psychologen haben festgestellt, dass manche Menschen nicht gesund werden, weil sie nicht vergeben können. Sie sind immer noch an den gebunden, der sie gekränkt hat. Sie lassen von ihm ihre Stimmung bestimmen. Vergebung ist erst einmal etwas, das mir gut tut. Ich befreie mich vom Einflussbereich des anderen. Ich lasse die Verletzung bei ihm. Vergeben heißt: die Verletzung weggeben, sich nicht mehr darum kümmern. ∾

Leben mit meinen Schatten

Für Carl Gustav Jung bedeutet Reifung, den Weg der Individuation, der Selbstwerdung zu gehen. Dieser Weg sieht vor, dass ich vom Ich zum Selbst gelange, zu meinem innersten Personkern, der Bewusstes und Unbewusstes umschließt, Göttliches und Menschliches. Das Ego will sich in der Welt behaupten. Es gehört zur Reifung, ein starkes Ego zu entwickeln. Doch ich darf nicht beim Ego stehen bleiben. Sonst kreise ich nur um meine eigene Selbstbehauptung. Das Ego könnte man im Brustbereich ansiedeln. Wer vom Ego geprägt ist, der muss sich in die Brust werfen und sich nach außen besonders vorteilhaft präsentieren. Doch das ist eher ein Zeichen von Unreife.

Jeder Mensch ist für Jung polar strukturiert. Wir haben in uns Liebe und Aggression, Verstand und Gefühl, Disziplin und Disziplinlosigkeit, Kraft und Schwäche. In der ersten Lebenshälfte leben wir oft einen Pol einseitig. Dann gerät der andere Pol in den Schatten. Wenn wir beispielsweise einseitig den Verstand leben, gerät das Gefühl in den Schatten und wirkt sich dann als Sentimentalität in uns aus, die uns überschwemmt. Der Schatten wirkt oft destruktiv auf uns.

Zur Reifung gehört, dass ich mich mit meinen Schattenseiten aussöhne, mit den Seiten, die ich in der ersten Lebenshälfte übergangen und verdrängt habe. Denn im Schatten liegt für Jung zugleich eine eigene Kraft. Wenn ich den Schatten unterdrücke, fehlt mir ein wesentlicher Aspekt meiner Lebendigkeit. ∿

13. FEBRUAR
Das Verdrängte annehmen

Gerade auf dem spirituellen Weg sind wir oft in Gefahr, uns mit einem hohen Idealbild zu identifizieren. Wir merken dann gar nicht, wie die unterdrückte Aggression sich etwa in der Unduldsamkeit gegenüber anderen Menschen ausdrückt oder unsere verdrängte Sexualität sich in der Eitelkeit zeigt, mit der wir unsere spirituellen Erfahrungen vor anderen präsentieren, oder in der Brutalität, mit der wir gegen uns selbst oder andere vorgehen. Je höher die Ideale, desto tiefer der Schatten. C. G. Jung empfiehlt daher die Demut als eine entscheidende Tugend. Demut ist der Mut, hinabzusteigen in die Abgründe unserer Seele, in denen all das Verdrängte haust und darauf wartet, von unserem Bewusstsein erlöst zu werden, indem wir uns ihm liebevoll zuwenden. ∾

14. FEBRUAR
Loslassen und frei sein

Viele meinen, sie müssten alles selber machen und hart an sich arbeiten, damit sie weiterkommen. Sie strengen sich an, das Gute zu tun. Aber irgendwann kommen sie zu dem Punkt, an dem sie spüren, dass sie nicht alles erreichen können, was sie wollen. Da heißt es, die Hände zu öffnen und sich dem Engel zu überlassen, den mir Gott gesandt hat, damit mein Leben gelingt. Das ist dann keine Haltung der Resignation, sondern der Freiheit. ∾

15. FEBRUAR

«Halte mich nicht fest»

Eine Liebe, die klammert, engt den anderen ein und erstickt allmählich die Liebe. Liebe braucht eine Haltung, die wir in dem klaren Wort Jesu finden: «Halte mich nicht fest!» Wenn sich jemand festgehalten fühlt, wird er sich gewaltsam loszureißen und zu befreien suchen. Oder er entzieht sich immer mehr der Liebe des anderen. Damit die Liebe lebendig bleibt, braucht es Nähe und Distanz. Es braucht nicht nur Verschmelzen, sondern auch Abgrenzung und Anerkennung des Geheimnisses der Personen – damit die Liebe atmen kann, damit sie Heimat bleibt und nicht ein Gefängnis wird. ∾

16. FEBRUAR

Wie ein Gefängnis

Eine junge Frau erzählte, dass sie sich in ihrer Ehe wie eingekerkert fühle. Wenn sie allein etwas unternehmen möchte, will ihr Mann genau wissen, was sie tut. Er wacht eifersüchtig darüber, dass sie ja nichts tut oder denkt, wozu er keinen Zugang hat. Es ist offensichtlich die Angst, sie könne selbstständig Schritte tun, die sie in eine Freiheit führen, über die er keine Gewalt mehr hat. Eine andere Frau berichtete, dass sie ihrem Mann nach ihrer Einzeltherapie alles erzählen muss, was in der Stunde abgelaufen ist. Offensichtlich hat er Angst, sie könnte etwas von ihm und über ihn erzählen. Solch ein Gefängnis hält nach aller Erfahrung nicht lange. Entweder wird die Partnerschaft zur Hölle, einer von beiden wird mit Gewalt ausbrechen oder sich der Ehe durch Krankheit entziehen. Sie müssten ihre Beziehung neu gestalten, so dass Vertrauen und Freiheit Raum gewinnen. ∾

Balance zwischen Distanz und Nähe

Die Beziehung zwischen Freunden und Ehepaaren gelingt nur, wenn die Partner ein angemessenes Verhältnis von Nähe und Distanz, von Grenzsetzung und Grenzüberschreitung finden. Der richtige Umgang mit den Grenzen, den eigenen und denen des anderen, ist die Bedingung dafür, dass eine Partnerschaft hält und dass sie lebendig bleibt. Es ist immer eine Gratwanderung, die Grenze zu achten und sie zu überschreiten. Ein Zuviel an Abgrenzung lässt die Beziehung eintrocknen, ein Zuwenig führt zu einem Kleben am anderen, was die lebendige Beziehung lähmt. Es ist eine Kunst, mit den Grenzen gut umzugehen. Und diese Kunst der Balance müssen wir ein Leben lang lernen. Denn das Verhältnis von Grenze und Grenzüberschreitung muss immer wieder neu austariert werden, je nach Alter, je nach innerer und äußerer Verfassung der Partner. ∾

18. FEBRUAR
Stille unter Freunden

Zu einer Freundschaft gehört es, dass man tiefe Erfahrungen schweigend miteinander teilt, anstatt sie durch Reden analysieren zu wollen. Der Freund lässt dem andern das Geheimnis. Er öffnet für den anderen einen Raum der Stille. Die Stille, die der Freund mir schafft, hat eine andere Qualität als das Schweigen, das ich in der Einsamkeit wahrnehme. Gemeinsame Stille verbindet, sie führt uns ein in das Geheimnis des Seins, in das Geheimnis Gottes. ∽

19. FEBRUAR
«Ihr seid euch viel zu nah»

Der Paartherapeut Hans Jellouschek sieht als Ursache vieler Eheprobleme die zu große Nähe der Ehepartner, die meinen, sie müssten in der Liebe immer verschmelzen. Doch Partner, die so leben wollen, finden nie zu ihrem eigenen Selbst. Und die Konsequenz: Irgendwann leiden sie an ihrer zu großen Nähe. Sie können ihre Sexualität nicht mehr genießen. Sie entwickeln psychosomatische Symptome und streiten ständig miteinander. Eine Ehe gelingt nur, wenn sie ein ausgeglichenes Miteinander von Nähe und Distanz wird. Viele Ehepaare, die über ständige Konflikte in der Beziehung klagen, verstehen nicht, wenn der Therapeut ihnen sagt: «Ihr seid viel zu nah zusammen!» Doch für Jellouschek steht fest, «dass der Streit gerade eine Form des Klammerns aneinander ist». ∽

20. FEBRUAR

Notwendige Freiräume

Jellouschek rät den Paaren, dass sie sich genügend Freiräume
schaffen, etwa einen eigenen Raum in der Wohnung oder einen «freien» Tag in der Woche, den sie für sich selber gestalten.
Manche bekommen bei einem solchen Rat Angst und meinen,
das sei ein erster Schritt zur Trennung. Doch nur wenn sie sich
die eigenen Grenzen sichern, werden sie auf Dauer friedlich
zusammenbleiben. Eine Dauerverschmelzung gibt es nicht.
Biblisch gesprochen: Der Engel verwehrt uns endgültig den
Zutritt zum Paradies. Es gibt in unserem Leben kein Zurück in
das Paradies des ununterbrochenen Einsseins. Wir leben im
Hin und Her zwischen Nähe und Distanz. ∾

21. FEBRUAR

Tao ist das Gewöhnliche

Heute suchen viele spirituelle Menschen häufig nach besonders intensiven religiösen Erfahrungen. Sie sehnen sich nach
Erleuchtung. – Die Chinesen sagen: «Tao ist das Gewöhnliche.»
Spiritualität heißt: das zu tun, was ich schuldig bin – mir, dem
anderen und diesem konkreten Augenblick. Spiritualität heißt
nicht, sich über andere zu erheben oder etwas Besonderes zu
wollen, mit dem man dann gut dasteht, sondern sich auf das
Gewöhnliche des Alltags einzulassen. ∾

22. FEBRUAR
Die Waffe der Liebe

Im Jerusalemer Talmud heißt es: «Es gibt keine gesegnetere Waffe als den Frieden!» Das ist ein paradoxes Wort. Der Friede entsteht ja, wie es der Prophet Jesaja verheißen hat, wenn die Schwerter zu Pflugscharen umgeschmiedet werden (2,4). Doch der Talmud nennt den Frieden eine Waffe, die voller Kraft ist, die etwas bewirken kann. Aber es ist eine gesegnete Waffe, eine Waffe, die Segen bringt, die Menschen miteinander verbindet, anstatt sie zu entzweien, die das Miteinander schützt, anstatt es zu zerstören. Es braucht Mut, diese Waffe einzusetzen. Karl Rahner nennt in einem Vortrag «Zur Theologie des Friedens» die Waffe der Liebe, die den Frieden schafft, etwas «Verrücktes». «Liebe ist wirklich so etwas wie das Verrückte, das Unwahrscheinliche, dasjenige, was sich nicht rentiert, dasjenige, wodurch man der Dumme bleibt, worin man sich ausnützen lässt. Es ist also auch das, wo man den Mut hat, Vorleistungen zu machen – vor denen zum Beispiel unsere Politiker immer so zurückschrecken!» Wirklicher Frieden geschieht nur auf diesem Weg der Liebe. ༄

23. FEBRUAR
Seelisches Grundwasser

Wir dürfen dankbar sein für die Quellen, die wir in uns vorfinden. Sie sind ein Geschenk Gottes seit unserer Geburt. Es ist nicht unser Verdienst, wenn wir diese oder jene Veranlagung haben. Andere Quellen verdanken wir unseren Eltern, unserer Erziehung oder dem Einfluss von Freunden. Aber wir müssen durch diese menschlichen Quellen noch tiefer hindurchbohren, bis wir auf eine Wirklichkeit stoßen, die ich bildhaft mit dem Grundwasser vergleichen möchte. Die rein menschlichen Quellen sind belebend und wichtig, aber auch begrenzt. Da sehnen wir uns nach der unerschöpflichen Quelle in uns, die nicht aus uns selbst stammt, sondern uns von Gott geschenkt ist. ∾

24. FEBRUAR
Wenn Ruhe nervös macht

Wer will das nicht: zur Ruhe kommen? Aber viele finden keine Ruhe. Sie können nicht ausruhen. Und wenn es ruhig wird um sie herum, werden sie geradezu nervös: Sie spüren, dass sie ihrer eigenen Wahrheit begegnen könnten. Das macht sie unruhig. Da laufen sie lieber vor sich selbst davon und stürzen sich in Hektik. Jesus sagt: «Die Wahrheit wird euch frei machen!» Wir könnten auch übersetzen: Nur wer es wagt, sich seiner Wahrheit zu stellen, wird Ruhe finden. Die Ruhe fängt im Innern an: «Seelenruhe bedeutet auch Ruhe für den ganzen Leib», sagt Rabbi Halozki. Wenn die Seele nicht zur Ruhe kommt, wird auch der Leib nicht wirklich ruhig werden, selbst wenn er rein äußerlich nichts tut. Wer ständig in Bewegung ist, der hindert seine Seele, ruhig zu werden. Ich muss auch äußerlich Ruhe geben, damit meine Seele Ruhe finden kann. ∾

Gewinnen in Stille

Dag Hammarskjöld, der als Generalsekretär der UN unermüdlich im Dienst des Friedens stand, hat den Wert der Stille für sich erkannt. Er, der ständig unterwegs war, um Konflikte zu lösen, gönnte sich immer wieder Zeiten der Stille. Die Stille war für ihn die Voraussetzung für sein Wirken. Das wird aus seinen Worten deutlich: «Verstehen – durch Stille. Wirken – aus Stille. Gewinnen – in Stille!»
Ich lerne den anderen zu verstehen, wenn ich mit ihm spreche. Aber es braucht auch die Stille, um auf den Grund seiner Seele zu schauen und ihn von dort her im Tiefsten zu verstehen. Ich verstehe die Zusammenhänge dieser Welt nur, wenn ich zurücktrete und in der Stille wie mit neuen Augen auf alles sehe. Das Wirken kommt aus der Stille. Wer aus der Stille heraus handelt, dessen Tun wird wirksamer sein als das eines Hektikers. Denn in der Stille hat er erkannt, worum es geht. Die Stille gibt ihm die Kraft, nun auch zu tun, was er erkannt hat. Und er wird konsequent und ruhig angehen, was ihm wichtig erscheint. Die große Wirkung, die Dag Hammarskjöld als Generalsekretär der Vereinten Nationen mit seinem politischen Handeln erzielte, hatte ihre letzte Ursache in der Stille, die er sich immer wieder gönnte. Die Stille – so meint er – ist auch der Grund des Gewinnens: Wer aus der Stille handelt, dem gelingt auch, was er anstrebt. ∞

... in schlechter Gesellschaft?

«In der Einsamkeit, wo jeder auf sich selber zurückgeworfen ist, da zeigt sich, was er an sich selber hat.» Arthur Schopenhauer formuliert hier etwas Richtiges: Wer allein ist, ist mit sich selber konfrontiert. Er muss mit sich selber auskommen. Er kann die Freiheit genießen, so zu sein, wie er ist. Oder sich als Gefangener seiner eigenen Begrenztheit erleben. Jean-Paul Sartre sieht die Beziehung von Einsamkeit und Alleinsein ähnlich: «Wer einsam ist, wenn er allein ist, befindet sich in schlechter Gesellschaft!» Wer sich einsam fühlt, wenn er mit sich allein ist, der kann es nicht gut mit sich selbst aushalten. Alleine kann ich es nur dann gut aushalten, wenn ich gut mit mir umgehe. Solange ich mich selbst entwerte, wird das Alleinsein zur Qual. Denn mit einem Menschen, den man verurteilt und abwertet, lässt es sich nicht gut zusammen sein. Nur wenn ich mich selbst akzeptiere, erfahre ich die Freiheit der Einsamkeit. ∽

Die Wagenlenkerin

Klugheit ist die Fähigkeit herauszufinden, was hier und jetzt für mich und für die anderen angemessen und zuträglich ist. Die Klugheit setzt nach Thomas von Aquin immer die Erkenntnis des Guten voraus. Sie ist mehr als Wissen und immer auf das Tun ausgerichtet. Für Aristoteles ist die Klugheit die Wagenlenkerin der Tugenden. Ich muss erst die Wirklichkeit richtig erkennen. Dann kann ich richtig handeln. Die Klugheit erkennt die Mittel, die notwendig sind, damit das Leben gelingt. ∽

Innere und äußere Ordnung

Ordnung ist das halbe Leben, sagen wir manchmal. Dahinter steckt eine tiefe Weisheit: Im Mittelalter war «ordo» ein wichtiger Begriff. Man war überzeugt: Wenn alles seine rechte Ordnung hat, dann entspricht das dem Willen Gottes. Denn er hat alle Dinge wohl geordnet. Für Benedikt von Nursia ist die Ordnung ein spiritueller Wert. Er ordnet in seiner Regel alles – die Arbeit, das Gebet, das Miteinander, den Tagesablauf, die Art und Weise, mit dem anderen umzugehen. Durch die äußere Ordnung soll der Mensch innerlich in Ordnung kommen.

Ich selber erlebe immer wieder, dass gerade für Menschen, die depressiv veranlagt sind, eine äußere Ordnung heilsam sein kann. Wenn die Seele schon nicht in Ordnung ist, so soll wenigstens der Tag geordnet ablaufen. Das gibt dem depressiven Menschen Halt. Wer sich einer äußeren Ordnung unterwirft, bringt damit auch Ordnung in seine Launen und Stimmungen. Er schiebt der Wankelmütigkeit seines Herzens einen Riegel vor, der es aber nicht verschließt, sondern einen Raum eröffnet und schützt, in dem das Herz heil werden kann.

Ordnung ist ein Heilungsfaktor. Eine sinnvolle Ordnung spart Energie und macht frei für das Wesentliche. ⚭

Leselob

Lesen ist keine Tugend. Und doch gehört es zu einem guten Leben. Im Lesen tauche ich ein in eine andere Welt. Für viele ist das Lesen ein Rückzugsort: Da stört sie niemand, da erleben sie eine Welt, die ihnen gut tut. Es ist nicht die Welt des Nutzens und der Zweckbestimmtheit, sondern eine Welt, in der die Seele beflügelt wird und in der sie Nahrung findet. Im Lesen begegne ich anderen Menschen, dem Autor mit seinen Gedanken und Gefühlen, aber auch vielen anderen, von denen er schreibt. Und im Lesen begegne ich mir selbst: Indem ich lese, verstehe ich mein eigenes Leben besser. Und ich sehe es in einem größeren Kontext. – Lesen ist wie eine Ernte. Ich ernte die Gedanken anderer Menschen, um mich davon zu nähren. ∾

MÄRZ

Wege nach innen

1. MÄRZ
Zeiten der Reinigung

Indem wir die Nahrung reduzieren und fasten, entdecken wir, wovon wir abhängig geworden sind. Ein Frühjahrsputz der Seele und eine Entschlackung des Leibes tun uns immer wieder gut. – Die Passionszeit gibt uns die Gelegenheit, uns mit unseren Krankheiten und unseren Nöten im Licht der Passion Jesu anzuschauen. Wir brauchen unsere Krankheit nicht zu verdrängen. Die Passionszeit befreit uns von der Illusion, als ob wir ohne Krankheit sein könnten. Aber sie zeigt uns einen Weg, unsere Krankheit anders zu sehen. In unserer Krankheit sind wir nicht ausgeschlossen vom Leben, sondern dürfen darin die besondere Nähe Jesu erfahren. ∿

2. MÄRZ
Durchlässiger, feinfühliger ...

In den letzten zwanzig Jahren hat auch die Medizin das Fasten wieder neu entdeckt. Wer sich dazu aufrafft, eine Woche lang zu fasten, nichts Festes zu essen, sondern nur viel zu trinken, Tee oder Wasser oder Säfte, der wird erfahren, wie wohltuend das Fasten ist. Nach den Anlaufschwierigkeiten am ersten und zweiten Tag wird er kein Hungergefühl mehr haben. Er wird sich freier fühlen. Seine Hände werden durchlässiger, feinfühliger. Er wird wacher durch die Natur wandern. Und er wird in seinen Bewegungen langsamer. Er wird von ganz allein Hektik vermeiden. ∿

3. MÄRZ

Der innere Raum

Fasten war von jeher mit Erleuchtung verbunden, mit Nacht-
wachen und Beten. Wer fastet, bekommt leuchtende Augen.
Es ist, als ob ein Schleier von seinen Augen weggezogen wird.
Er braucht weniger Schlaf und kann so wachend beten. Und er
wird klarer träumen. Von jeher haben die Mystiker vom Fasten erhofft, dass sie dadurch offen werden für das innere Licht
Gottes, das in ihrer Seele leuchtet. Das Fasten bringt uns in Berührung mit dem inneren Raum des Schweigens, in dem Gott
selbst in uns wohnt. ᘛ

4. MÄRZ

Wachsamkeit

Der Engel der Wachsamkeit möge dich begleiten, damit du
jeden Augenblick bereit bist, auf die leisen Stimmen deines
Herzens zu hören und das zu tun, was gerade jetzt für dich an-
steht. Und der Engel der Wachsamkeit soll bei dir sein, wenn
sich dein Denken und Handeln einzutrüben beginnt durch
die trüben Wasser, die in dein Haus eindringen möchten. Ich
wünsche dir den Engel der Wachsamkeit, damit du jeden Augenblick gleichsam als den letzten und wichtigsten Augenblick deines Lebens wahrnimmst, dass du ganz im Augenblick
sein kannst, dass du ganz gegenwärtig bist. ᘛ

5. MÄRZ
Morgenritual

Du kannst als Morgenritual einmal die Segensgebärde der erhobenen Hände üben. Stelle dir vor, dass durch deine Hände Gottes Segen hineinströmt in die Räume deiner Wohnung und in die Räume deiner Arbeit. Dann wirst du anders zur Arbeit gehen. Du hast dann nicht mehr den Eindruck, dass die Arbeitsräume voll sind von Streit und Intrigen, getrübt von negativen Emotionen und von verdrängten Schattenseiten. Du betrittst vielmehr Räume, in denen Gottes Segen wohnt. Und stelle dir vor, wie du den Segen zu den Menschen schickst, denen du heute begegnest, zu deiner Familie, zu deinen Freunden und zu den Arbeitskollegen. Vielleicht erinnerst du dich dann bei deinen Begegnungen an den Segen, den du zu diesen Menschen geschickt hast. Dann wird die Begegnung anders sein. ∾

6. MÄRZ
Abendritual

Als Abendritual kannst du die Hände vor der Brust kreuzen. Stelle dir vor, dass du die Tür zu deinem Innern schließt und jetzt allein mit Gott bist. Mit den gekreuzten Händen schützt du den Innenraum, in dem Gott in dir wohnt. Dort drinnen, auf dem Grund deiner Seele strömt eine unerschöpfliche Quelle. Obwohl du tagsüber viel gegeben hast, bist du nicht verausgabt. Die Quelle sprudelt trotzdem weiter, weil sie göttlich ist. ∾

Die eigene Lebensspur finden

«Weg» ist seit je ein Ursymbol für das menschliche Leben. Jesus spricht vom weiten Weg, der ins Verderben führt, und vom engen Weg, auf dem wir zum Leben finden. Der weite Weg ist der Weg, den alle gehen. Sie machen sich keine Gedanken. Sie tun, was alle tun. Sie richten sich nach der Masse, nach den Massenmedien, nach der Meinung der anderen. Der enge Weg ist der Weg, der nur für mich bestimmt ist. Ihn zu finden kostet einige Mühe. Ich muss mich fragen, was meine innerste Berufung ist. Was ist meine Stärke? Was möchte ich in dieser Welt verwirklichen? Welche Spur möchte ich auf meinem Lebensweg in diese Welt eingraben? Ist es meine eigene Lebensspur, der ich folge, oder folge ich den Spuren anderer?

Es kann sein, dass wir auf dem Weg, den wir gerade gehen, umkehren müssen, um unseren Weg zu finden. So eine innere Umkehr kann geschehen, wenn wir es wagen, uns selbst in der Stille auszuhalten. Dann kommt das, was wir nach unten verdrängt haben, nach oben. Dann will das Unterste, dass wir es anschauen und ihm den angemessenen Platz in unserem Leben einräumen. Durch das Umwenden und Umkehren werden wir verwandelt. Das ursprüngliche und unverfälschte Bild Gottes in uns wird sichtbar. ∾

8. MÄRZ
Therapie für die Seele

Alle Übungen, die die Christen während eines Kirchenjahres praktizieren, dienen letztlich der seelischen und körperlichen Gesundheit, sei es das Fasten, sei es das Warten auf das Fest, seien es die Rituale, mit denen die Menschen die Feste auch im häuslichen Bereich oder im Miteinander der Gemeinden begehen, und die Feier eines Festes, in dem immer etwas einbricht oder aufscheint von der ursprünglichen Ganzheit des Menschen. An den Festen werden die wichtigsten Themen der Selbstwerdung dargestellt und gefeiert. Indem sie ins Bewusstsein gehoben werden, kommt der Christ immer mehr in Berührung mit dem Potential seiner Seele. ❧

9. MÄRZ
Meinem Leben Form geben

Man kann aus jedem Leben etwas machen. Die Vergangenheit mit den schönen Erlebnissen, aber auch mit all meinen Wunden, ist das Material, das ich formen kann, wenn ich es auf mich zukommen lasse. Ich kann aus jeder Vergangenheit eine Gestalt entstehen lassen, die einmalig und wertvoll ist, die in dieser Welt auf einzigartige Weise etwas von Gott darstellt. Ich muss nur Ja dazu sagen, dass meine konkrete Vergangenheit das Material ist, mit dem ich zu arbeiten habe, durch das ich meine persönliche Botschaft ausdrücken kann, die nur ich dieser Welt sagen kann. ❧

10. MÄRZ
Was würde ich tun?

Ich gebe Menschen, die ich geistlich begleite, manchmal folgende Aufgabe: «Stellen Sie sich vor, dass Sie nur noch einen Tag zu leben haben. Was würden Sie dann tun? Welche Botschaft möchten Sie mit Ihrem Leben geben? Welche Spur möchten Sie eingraben in diese Welt?» Manche erzählen dann, dass sie den Menschen nochmals begegnen möchten, die ihnen am liebsten sind. Und sie würden ihnen gerne erklären, was ihr tiefster Beweggrund war, warum sie so und nicht anders gelebt haben, was sie eigentlich mit ihrem Leben vermitteln wollten. – Andere erzählen, dass sie ganz im Augenblick sein würden, dass sie das Leben nochmals bewusst wahrnehmen, das Geheimnis des Lebens erspüren würden. – Wieder andere würden einfach weiter das tun, was sie gerade tun. Aber sie würden es bewusster tun. ∾

11. MÄRZ
Der Engel des Teilens

Der Engel des Teilens möchte dir Mut machen, dein Leben mit anderen Menschen zu teilen. Dann wirst du die beglückende Erfahrung machen, dass dein Teilen reichlich belohnt wird. Denn wenn du bereit bist zu teilen, werden auch die Menschen ihr Leben mit dir teilen. Du hast teil an der Vielfalt und dem Reichtum der Menschen. Der Engel des Teilens möchte dir aber auch zeigen, dass Gott selbst bereit ist, sein göttliches Leben mit dir zu teilen. ∾

Tränen heiligen ...

«Eine Frau, die über den Tod ihres Sohnes verzweifelt war, kam zum Meister, um getröstet zu werden. Er hörte sie geduldig an, als sie ihm ihr Leid klagte. Dann sagte er sanft: Ich kann deine Tränen nicht trocknen, meine Liebe. Ich kann dich nur lehren, wie du sie heiligen kannst.» Was will diese Geschichte sagen? Wenn einer großes Leid hat – und der Tod eines Kindes ist wohl das größte Leid, das einen Menschen treffen kann –, dann helfen unsere gut gemeinten Worte oft nicht. Dann gehen alle Antwortversuche ins Leere. Wir wissen keine Antwort auf das Warum. Und wir können keinen leichten Trost spenden, weil wir den Schmerz wahrnehmen, der den anderen zu zerreißen droht. Worte bleiben uns im Halse stecken. Wir können nur dabeibleiben und das Leid des Hilfesuchenden aushalten. Der Meister hat Mitleid mit der Frau und redet sanft auf sie ein. Aber er vertröstet sie nicht und gibt keine Antwort auf ihr Leid. Das Einzige, was er ihr anzubieten vermag, ist, sie zu lehren, wie sie ihre Tränen heiligen kann. Was heißt das: die Tränen heiligen? Das Heilige ist immer auch das Kostbare. Die Tränen heiligen bedeutet, in den Tränen kostbare Perlen zu entdecken. Das Leid adelt den Menschen. Wir können es nicht erklären. Wir können es nur annehmen. Dann führt es uns in die Tiefe. Dann entdecken wir in uns das Heilige, das, was durch das Leid nicht zerstört werden kann. Das Leid tut weh. Aber es ist auch etwas, das nur wir geschaut und erlebt haben. Es zeichnet uns aus. Es ist etwas Kostbares, das wir mit uns tragen. ∾

13. MÄRZ
Versöhnt mit dem eigenen Leben

Es ist eine lebenslange Aufgabe, sich mit der eigenen Lebensgeschichte zu versöhnen. Die Versöhnung kann in einer Therapie geschehen. Sie ist aber auch das Thema des geistlichen Weges. Im Kern geht es darum, vor Gott die Verletzungen der Lebensgeschichte anzuschauen und darauf zu vertrauen, dass Gott all diese Wunden in Perlen zu verwandeln vermag. Er wird mir die Wunden nicht wegnehmen. Ich soll darauf vertrauen, dass mein Leben gerade mit diesen Verletzungen wertvoll und einmalig ist. Ich mache weder Gott noch anderen Menschen Vorwürfe, dass ich so verletzt wurde. Mit dem eigenen Leben versöhnt sein heißt vielmehr, dass ich dankbar darauf zurückschaue und in den Wunden meine eigenen Stärken entdecke. ∾

14. MÄRZ
Versöhnungsrituale

Jede Gemeinschaft braucht Versöhnungsrituale. Im Kloster gab es früher die sogenannte «Culpa», in der man sich anklagte, der Gemeinschaft Schaden zugefügt oder ihr durch sein Verhalten geschadet zu haben. Auch eine Familie braucht Versöhnungsrituale, damit die täglichen Verletzungen, die oft gar nicht wahrgenommen werden, sich nicht in den Herzen festsetzen und die Beziehungen belasten. Eine gute Gelegenheit für ein solches Versöhnungsritual in der Familie wäre ein Abend in der Fastenzeit. ∾

15. MÄRZ
Der Engel der Geduld

Geduld haben heißt nicht, über alles hinwegzuschauen, was geändert werden kann und geändert werden sollte. Aber Geduld haben darf man auch mit sich selber und mit einer Situation, die nicht geändert werden kann und eher heitere Gelassenheit erfordert. Der Engel der Geduld möge uns auch beistehen, wenn es eine leidvolle Situation auszuhalten gibt. Konflikte in der Ehe, Probleme am Arbeitsplatz lassen sich nicht immer oder immer schnell lösen. Auch da braucht es ein geduldiges Ausharren und die Hoffnung, dass sich eine Lösung zeigen wird. In der Geduld steckt aber auch die Kraft, auf Veränderung und Verwandlung selber hinzuarbeiten. ༄

16. MÄRZ
Ohne Bewertungen

Wer Werte lebt, der wird unabhängig von der Bewertung von außen. Er steht in sich. Er weiß, dass ihm niemand seine Würde nehmen kann, auch nicht die Zustimmungswerte, die die letzte Befragung durch Infratest ergeben hat. Wer keinen Wert in sich hat, der kennt als einzigen Wert die Bewertung durch die Menschen. Das Ziel der Menschwerdung ist aber, frei zu werden von der Bewertung durch andere. Sonst richte ich mich ständig nach der Meinung anderer und verbiege mich innerlich. Ich lebe nicht mehr selber, sondern werde gelebt. Ich muss nach der Meinung anderer schielen, anstatt dem eigenen Wissen und Fühlen zu trauen.

Ich entscheide nicht mehr nach Recht und Gerechtigkeit und nicht mehr gemäß den Werten, die das Leben wertvoll machen, sondern nur danach, was von den Menschen angenommen wird. Die Mehrheit der Meinung ist ausschlaggebend und nicht mehr die Qualität. So können keine neuen Erkenntnisse reifen. Man biegt und verbiegt sich nach wechselnden Stimmungen. Was Menschen brauchen, ist Klarheit und Verlässlichkeit, ist Echtheit und Mut, für das als richtig Erkannte auch einzutreten. ∾

17. MÄRZ
Zeit steht still

Der Arbeiter zählt seine Stunden zusammen, um seinen gerechten Lohn zu bekommen. Meistens sind es gerade nicht die erfüllten Stunden, die wir da zusammenrechnen. Es sind Stunden, die bezahlt werden. Stunden aber, die wir nicht zählen, sind unbezahlbar. Sie sind die kostbaren Augenblicke. Es sind Stunden, die nicht vorübergehen, die man nicht messen kann. Die Zeit steht still. ∾

18. MÄRZ
Der Engel der Selbstbeherrschung

Der Engel der Selbstbeherrschung möge dich begleiten, damit du dein Leben selber lebst und nicht von deinen Leidenschaften gelebt wirst oder dich von den Erwartungen der anderen bestimmen lässt. Er möge bei dir sein, wenn andere dich reizen und provozieren wollen. Du sollst ihnen keine Macht über dich geben. Der Engel hilft dir, dass du dich selbst in der Hand hast und dich nicht in ihre Hände begibst. Er befreit dich von dem Zwang, dass du immer und überall unter allen Umständen deine Emotionen unterdrücken musst. Du darfst dich zeigen, wie du bist. Aber du weißt auch, dass die Leidenschaften dir dienen und nicht umgekehrt. ᘓ

19. MÄRZ
Innerer Abstand ...

«Wären wir ruhiger, langsamer, so ginge es uns besser, ginge es schneller mit unseren Angelegenheiten voran.» Robert Walser, der Dichter der leisen Töne, der sich schließlich aus der Welt zurückzog und seine letzten Lebensjahre in einer psychiatrischen Anstalt verbrachte, hat die Krankhaftigkeit unserer Alltagswelt scharfsinnig beobachtet: Je hektischer wir etwas angehen, desto langsamer finden wir die Lösung. Um ein Problem wirklich lösen zu können, braucht es inneren Abstand. Wer hektisch um die Probleme kreist, wird betriebsblind. Nur wer in sich ruht, ist kreativ genug, um etwas Neues in Gang zu bringen. ᘓ

20. MÄRZ
Nehmt Zeit mit!

«Die Entdeckung der Langsamkeit» von Stan Nadolny ist binnen kurzer Zeit zum Kultbuch geworden. Gegenüber einer immer größeren Beschleunigung setzt er auf die Langsamkeit als Gegenkraft. Der langsame Mensch – so glaubt man – hat mehr vom Leben. Und so sieht es auch Günter Grass, wenn er schreibt: «Werdet gesättigt, nicht satt. Lernt von der Schnecke, nehmt Zeit mit!» Wer die Langsamkeit übt, der erfährt die Zeit nicht als Gegner, den er möglichst gut beherrschen muss, indem er sie gut managt. Er erlebt die Zeit als Geschenk. Er kann sie genießen. Aber wer die Langsamkeit absolut setzt, wird nicht mehr mitkommen mit der Zeit. Und wird seinen Arbeitsplatz verlieren. Schließlich braucht es beides: die Langsamkeit – die Verlangsamung der Zeit etwa in der Stille, in der Meditation, in der Liturgie, im persönlichen Umgang miteinander – und zugleich die Zeit, in der die Arbeit schnell geschieht, in der sie einfach aus mir herausströmt, rasch und effektiv.
Die Spannung zwischen der langsam und der schnell vergehenden Zeit hält uns lebendig und im inneren Gleichgewicht. Wenn wir einen Pol absolut setzen, geraten wir entweder unter ständigen Zeitdruck (bei der Beschleunigung) oder wir verlieren die innere Spannung (bei der Verlangsamung). ∾

21. MÄRZ
Belastungsgrenzen akzeptieren

Wenn alte Menschen ihre Altersgrenze akzeptieren, dann gewinnt ihr Leben eine neue Fruchtbarkeit. Doch wer etwa in der Firma mit sechzig Jahren noch genauso viel und auf gleiche Weise arbeiten möchte wie mit dreißig, der gerät fortwährend an seine Grenze. Ein Ingenieur wollte mit 58 Jahren als Teamleiter immer noch der Schnellste in seinem Team sein. Das führte ihn an seine Belastungsgrenze. Dann entdeckte er, dass er mit 58 Jahren andere Fähigkeiten hatte, nämlich dass er den jungen Mitarbeitern Sicherheit und Vertrauen vermitteln konnte. Nicht seine Schnelligkeit war gefragt, sondern seine Lebenserfahrung und Weisheit. Aber diese Weisheit kommt erst zum Vorschein, wenn Menschen ihre zeitliche Grenze annehmen und sich damit aussöhnen. ∾

22. MÄRZ
Altersgrenze – eine Herausforderung?

Der Staat hat eine klare Pensionsgrenze festgesetzt. Mit 65 Jahren muss man seine Arbeit beenden. Manche sind froh, nun endlich pensioniert zu sein und Zeit für sich zu haben. Aber nicht alle können gut damit umgehen. Einige fallen in einen Pensionierungsschock. Sie sind jetzt nicht mehr wichtig, haben nichts mehr zu sagen. – Im Kloster kennen wir keine Pensionierungsgrenze. Da können die älteren Mitbrüder so lange arbeiten, wie sie möchten. Das hat Vorteile, birgt aber auch Gefahren. Manchen gelingt es dann nicht, ihre Aufgabe loszulassen. – Es ist eine Kunst, mit der Altersgrenze gut, das heißt gelassen und achtsam umzugehen. ∾

Sich selber Grenzen setzen

Für mich gehört zu einem sinnvollen und geglückten Leben, dass jemand sein Leben selbst in die Hand nimmt und versucht, es so zu gestalten, dass es Frucht bringt. Wer Verantwortung übernimmt und etwas tut, weil er spürt, dass es notwendig und richtig ist, wird mehr Lust empfinden an dem, was er tut, als der, der sich von außen mit einer Aufgabe betrauen lässt. Er wird nicht Last empfinden, sondern sehr viel geschenkt bekommen. Natürlich weiß ich, dass die Bereitschaft, Verantwortung zu übernehmen, auch eine Falle sein kann. Ich kann mich auch überfordern. Ich kenne Menschen, die überall, wo sie sind, Verantwortung übernehmen und sich selbst dabei überheben. Oft sind es die älteren Geschwister, die von den Eltern schon früh dazu gedrängt wurden, für ihre jüngeren Geschwister verantwortlich zu sein. Sie haben dann oft später kein richtiges Gefühl dafür, wo ihre Verantwortung wirklich gefragt ist. Sie übernehmen zu schnell Verantwortung für ihre Umgebung. Deshalb braucht es den anderen Pol: Grenzen zu setzen, sein eigenes Maß zu finden. ∿

24. MÄRZ
Sein Maß kennen

Gutes Leben ist immer maßvolles Leben. Und es ist nicht selbstverständlich, sein Maß zu finden. Wir machen die Erfahrung, dass uns maßvolle Menschen anziehen. Wer hingegen das rechte Maß verloren hat, mit dem er sich selbst misst, macht auf uns einen eher peinlichen Eindruck. Er überschätzt sich selbst. Das macht den Glanz des Menschen aus, dass er sein Maß kennt und so lebt, wie es seinem Maß entspricht. ∾

25. MÄRZ
In guten Händen

Versuchen Sie einmal folgendes Ritual: Halten Sie die Hände und alles, was darin ist, Gott hin. Verzichten Sie darauf, zu bewerten, was heute geschehen ist. Bewerten Sie nicht das, was Sie getan und gesprochen haben. Schließen Sie auch die Schwierigkeiten des heutigen Tages mit ein. Halten Sie auch Ihre Wunden und Ihre Dunkelheiten Gott hin. Übergeben Sie ihm alles, was Sie in den Händen halten. Spüren Sie nach, was sich dabei für Sie verändert. Wenn Sie ihm alles übergeben, bekommen Sie Abstand zu dem, was Sie belastet. Ihre Hände verweisen Sie auf Gottes gute Hände. In ihnen dürfen Sie sich bergen.

Gottes zärtliche Hände tragen Sie. Seine starken Hände schützen Sie, sie umgeben Sie und begleiten Sie. In diese Hände hinein dürfen Sie sich fallen lassen. Lassen Sie sich diese Nacht in diese Hände fallen. Mit allem, was Sie beschäftigt. Mit ihren Sorgen und Ängsten. Mit Ihren Dunkelheiten und mit ihren depressiven Gefühlen. Indem Sie sich fallen lassen, fällt von

Ihnen ab, was Sie belastet. Bergen Sie sich in Gottes mütterlichen Händen. Gottes Hände tragen Sie. Und wenn Sie möchten, können Sie mit Jesus die Worte sprechen: «Vater, in deine Hände lege ich meinen Geist.» ∾

26. MÄRZ
Der Welt begegnen

Der Mensch ist seinem Wesen nach ein Empfangender, ein Annehmender. Bevor er selbst tätig wird, muss er zuerst einmal die Welt, die ihm vorgegeben ist, erkunden und annehmen. Er muss zulassen, was ist. Er muss dem, was ihm voraus ist, erlauben, dass es so ist, wie es ist.
Der Geist des Menschen ist davon abhängig, dass er durch die Sinne Eindrücke und Bilder empfängt. Im Verstand ist nichts, was nicht vorher in den Sinnen war, sagt Thomas von Aquin. Der Mensch kann also nur erkennen, wenn er der Welt Zutritt zu seinen Sinnen, zu seinem Denken gewährt, wenn er zulässt, dass etwas Fremdes in ihn eintritt. Die Welt ist ihm zwar vorgegeben. Aber es genügt nicht, das Vorhandene nur zu konstatieren. Der Mensch muss die Welt auf sich zukommen lassen, er muss sie zulassen; er muss ihr gewähren, dass sie sich ihm zeigen und offenbaren kann. ∾

27. MÄRZ

Der Engel der Sympathie

Gerade in unserer Zeit der Leidverdrängung brauchen wir den Engel des Mitleids oder, wie Max Frisch ihn nennt, den «Engel der Sympathie», um das Leid der Welt anzunehmen und zu verwandeln. So wünsche ich dir, dass der Engel des Mitleids deine Seele beflügelt, dass er sie in eine Schwingung versetzt, die mit der Seele des Notleidenden neben dir mitschwingt. So kannst du das Leid des anderen spüren, mit ihm durch sein Leid gehen, ihm einen Weg aus seiner Not heraus ermöglichen und kannst sie durch dein Mitfühlen verwandeln in einen Weg zu neuem Leben. ∾

28. MÄRZ

Der Engel des Lichtes

Ich wünsche dir, dass der Engel des Lichtes deine Seele immer mehr erleuchtet, dass das Licht in die finsteren Schluchten deines Inneren eindringt und sie durch seinen Strahl verwandelt in bewohnbare Räume. «Wenn dein ganzer Körper von Licht erfüllt und nichts Finsteres in ihm ist, dann – so sagt Jesus – wird er so hell sein, wie wenn die Lampe dich mit ihrem Schein beleuchtet» (Lukas 11,36). Dein ganzer Leib wird dann Licht ausstrahlen. Du wirst wie mit einem Schein umhüllt, mit einer hellen und angenehmen Aura umgeben sein. Wenn du Licht geworden bist, dann wirst du selbst zum Engel des Lichts für andere werden. ∾

Spüren, wer wir sind

«Der Weg zum wahren Du im andern Menschen führt durch die innere Einsamkeit!» Der Existenzphilosoph Ferdinand Ebner hat sich von der doppelten Bewegung, die in der Einsamkeit liegt, anregen lassen. Er sieht in der Einsamkeit eine Bedingung für wirkliche Gemeinschaft: Wer immer in der Nähe von Menschen sein muss, der stößt oft nicht zum wahren Du vor. Oft braucht er die Menschen nur, um seine Einsamkeit zu verdecken. Doch wirkliche Begegnung ist dann nicht möglich. Man klebt vielmehr am anderen.

Nur wer in der Einsamkeit ganz bei sich sein kann, ist fähig, das Du der anderen zu entdecken und zu würdigen. Er vereinnahmt den anderen nicht, sondern bleibt staunend vor seinem Geheimnis stehen. Er achtet den anderen. So erst spürt er, was das heißt: «Du».

Ebner ist mit dem anderen großen Denker des Dialogischen, mit Martin Buber, überzeugt, dass wir unser wahres Ich erst am Du finden. Aber um das Geheimnis des Du zu erahnen, ist es notwendig, die innere Einsamkeit auszuhalten und in der Einsamkeit zuerst einmal das Geheimnis des Ich-Seins zu entdecken.

Wir meinen, wir wüssten, wer wir sind. Doch wer sind wir wirklich? Wo ist der Punkt, an dem man «Ich» sagen kann? Das Wunder der Begegnung findet nur statt, wo wir um das Geheimnis des Ich und Du wissen. Dafür aber brauchen wir die Erfahrung der Einsamkeit. ∾

30. MÄRZ
Besitzen, als besäße man nicht

Die Weisen haben zu allen Zeiten gefordert, man solle sich innerlich frei machen gegenüber dem Besitz; man solle fähig werden, den Besitz loszulassen, zu besitzen, als besäße man nicht. Gabriel Marcel und Erich Fromm stellen der Ordnung des Habens die des Seins gegenüber. Der Wert eines Menschen bemisst sich nicht nach dem, was er hat, sondern nach dem, was er ist. – Die Ordnung des Seins ist zugleich die des Empfangens, der Gnade. Der Mensch, der alles an sich rafft und alles haben will, wird unfähig zu empfangen, unfähig, die Güter dieser Welt zu genießen, letztlich unfähig, sie zu seinem Nutzen zu gebrauchen. ∾

31. MÄRZ
«Ich lasse das Leben auf mich regnen»

«Was machen Sie?», wurde die Dichterin Rahel Varnhagen einmal gefragt. Ihre Antwort: «Nichts. Ich lasse das Leben auf mich regnen.» Eine überraschende Reaktion: Heute wollen wir jede Haltung lernen. Wir wollen wissen, wie ich Glück lernen kann, wie ich Lust am Leben einüben kann. Doch je mehr man etwas machen will, desto schneller entschwinden Glück und Lust. Rahel Varnhagen hat eine andere Antwort: Sie tut nichts, um das Leben als Lust zu empfinden. Sie lässt das Leben einfach auf sich regnen. Wenn ich im Regen stehe und den Regen einfach auf mich strömen lasse, dann kann ich tatsächlich Lust empfinden.
Normalerweise ist uns Nässe unangenehm, wir schützen uns vor Regen. Das ist auch normal. Denn wir können nicht mit

klammen Kleidern herumlaufen. Doch wenn ich fast unbekleidet im warmen Regen stehe, dann fühle ich auch auf ganz angenehme Weise, wie es strömt. Im Regen spüre ich das fließende und strömende Leben selbst.

Ich habe zehn Jahre lang mit Jugendlichen eine Wanderwoche veranstaltet. Einmal sind wir von einem starken Regenguss überrascht worden. Es war vorher sehr warm. Die Jugendlichen sind vor dem Regen nicht geflohen. Sie haben den Regen richtiggehend genossen und angefangen, im Regen zu tanzen. Man sah ihnen ihre Lust an, den Regen mit allen Sinnen wahrzunehmen, anstatt sich dagegen zu wehren.

Rahel Varnhagen sieht den Regen als Bild für das Leben. Sie stellt sich in den Strom des Lebens. Das Leben ist überall da. Es umgibt uns. Wir brauchen uns nur zu öffnen. Dann spüren wir, wie das Leben auf uns einregnet. Das Leben wahrzunehmen, das schon da ist, das ist Lust am Leben. ∾

APRIL
Neues Leben finden

1. APRIL
Die Stille genießen

«Wer nie allein ist, kennt die Freude des Alleinseins nicht!» Der Sufi-Weise Hazrat Inayat Khan sagt das. In Gesprächen höre ich oft etwas anderes. Da klagen viele: «Ich fühle mich so allein. Niemand kommt zu Besuch. Ich habe keinen, mit dem ich mich austauschen könnte.» Alleinsein wird zu einer Quelle des Leids. Es gibt allerdings auch die andere Sicht. Wenn ich mein Alleinsein bewusst wahrnehme, kann ich es auch genießen. Ich kann mich freuen, dass ich jetzt ohne Störung von außen bin, dass jetzt niemand etwas von mir will, keiner an mir zerrt und niemand Ansprüche an mich anmeldet. Wenn ich meine Situation so sehen kann, fühle ich mich frei. Ich kann aufatmen. Ich kann die Stille genießen und den Frieden, der aus der Stille kommt. ༄

2. APRIL
All-eins

Das deutsche Wort «allein» kann man – so schlägt es der Psychologe Peter Schellenbaum vor – auch als «all-eins» verstehen. Im Alleinsein erahne ich etwas von der Ursehnsucht des Menschen, aus der Vielheit in die Einheit zu gelangen, eins zu sein mit sich, eins zu sein mit den Menschen und mit der Welt. Wer so eins ist mit allem, der nimmt die Wirklichkeit wahr, wie sie ist. Er kommt ihrem Geheimnis auf die Spur. Er erkennt, was die Wirklichkeit im Tiefsten zusammenhält. ༄

Woraus schöpfe ich selbst?

Ich werde oft gefragt, aus welchen Quellen ich selber schöpfe. Wenn die Leute mitbekommen, was meine Tätigkeit im Kloster ist und was ich nach außen wirke, meinen sie immer, das sei zuviel. Ich habe aber persönlich nicht das Gefühl, dass ich überfordert oder gestresst bin. Wenn ich mir heute Rechenschaft darüber ablege, aus welchen Quellen ich schöpfe, kann ich nur dankbar zurückschauen auf das, was mir geschenkt worden ist durch meine Eltern, meine Mitbrüder, Freunde und Freundinnen und letztlich durch Gott. Er ist und bleibt meine eigentliche Quelle. ∾

4 APRIL

Der Wert der Einsamkeit

«In den großen Städten kann der Mensch zwar mit Leichtigkeit allein sein, wie kaum irgendwo sonst. Aber er kann dort nie einsam sein. Denn die Einsamkeit hat die ureigene Macht, dass sie uns nicht vereinzelt, sondern das ganze Dasein loswirft in die weite Nähe des Wesens aller Dinge.» Der Philosoph Martin Heidegger, der dies schreibt, hat den Wert der Einsamkeit hoch geschätzt. Dass ein Mensch allein ist, ist zunächst einmal nichts Besonderes. Zu einem Wert wird diese Tatsache erst in der Einsamkeit. Einsamkeit führt uns in die Nähe des Wesens aller Dinge. Der Einsame ist nahe am Grund allen Seins, er ist in Berührung mit dem Wesentlichen. ∾

5. APRIL
Eins sein

Der Einsame stimmt überein mit seinem Alleinsein. Er ist gerne allein. Das Alleinsein ist für ihn der Weg, eins zu werden mit sich selbst, einverstanden zu sein mit seinem Wesen und mit dem Wesen aller Dinge. Es hat also spirituelle Qualität. Jeder von uns darf manchmal die Erfahrung des Einsseins machen. In solchen Augenblicken fühle ich mich eins mit mir, einverstanden mit meiner Lebensgeschichte. Zeit und Ewigkeit fallen in solchen Momenten in eins. ∾

6. APRIL
Quelle der Hoffnung

Friedrich Hölderlin hat die Quelle der Hoffnung im Heiligtum seiner Seele gesehen. «Ich habe so oft erfahren, wie ein Zuruf, der aus dem Heiligtum unserer Seele kam, in tiefer Betrübnis uns beglücken und neues Leben, neue Hoffnung schenken kann.» In unserer Seele spricht die Hoffnung zu uns. Die Hoffnung gibt nicht auf. Sie hofft trotz widriger Umstände auf eine bessere Zukunft: Ich vertraue darauf, dass du eine gute Zukunft hast, auch wenn es dir momentan nicht gut geht. Ich hoffe, dass mein Leben gelingt, trotz der Krankheit und der Krise, die ich gerade durchlebe. ∾

Lust auf Askese

Jahrelang war die Askese geradezu tabu. In den letzten Jahren hat sie eine wahre Auferstehung erlebt. Es ist eine Erkenntnis der Soziologie, dass es keine Elite gibt ohne Askese. Und die wirklichen Eliten haben immer asketisch gelebt. Angesichts der wachsenden Umweltzerstörung hat Carl Friedrich von Weizsäcker für unsere Gesellschaft eine asketische Lebensweise gefordert. Wegwerfmentalität und grenzenlosen Konsum könnten wir uns nicht mehr leisten. Manchen klingt solche Forderung nach Askese moralisierend: Sie schrecke nur ab, hört man bisweilen. Bei den alten Griechen hingegen – durchaus ein Volk, das genießen konnte – war die Askese eine angesehene Haltung. Askese heißt Übung, Training. Vor allem die stoische Philosophie hat die Selbstbeherrschung, die innere Gelassenheit und Unerschrockenheit als Ideale menschlicher Selbstwerdung gepriesen.

Wenn ich mich darauf beziehe, geht es mir nicht darum, eine asketische Lebensweise zu fordern, weil wir uns keine andere mehr leisten können. Ich will vielmehr Lust machen auf Askese. Sie ist die Voraussetzung dafür, dass wir das Leben genießen können, dass wir selber leben, anstatt von unseren Bedürfnissen gelebt zu werden. Entscheidend dabei ist die innere Grundhaltung. Und die müsste von Freude, Lust, Freiheit und Liebe geprägt sein. ∾

Eine goldene Regel

Anthony de Mello bringt ein Beispiel aus der indischen Weisheit: «Nichts ist gut oder schlecht, solange es nicht das Denken dazu macht», sagte der Meister. Als er gebeten wurde, das näher zu erklären, sagte er: «Ein Mann hielt fröhlich sieben Tage in der Woche ein Fastengebot ein. Sein Nachbar verhungerte bei dergleichen Diät.» Was damit gemeint ist: Wenn Askese nicht mit echter Freude geübt wird, raubt sie uns die Lebendigkeit. Wenn aber die Freude am Leben uns zur Askese treibt, dann führt sie uns in die innere Freiheit, zur Lust am Leben und in eine Lebendigkeit hinein, die ansteckt und auch anderen hilft. Von den Umständen hängt also alles ab, nicht von einem Dogma. Nur wer frei ist, ist lebendig. ∾

Guter Wein reift in der Stille

Alle Weisen preisen den Wert des Schweigens. Ein Sprichwort weiß: «Reden ist Silber, Schweigen ist Gold.» Mit Reden kann ich viele Probleme lösen. Doch wer zu schweigen vermag, kommt mit dem Goldglanz der eigenen Seele in Berührung. Es gibt Menschen, die ständig reden müssen. Sie begegnen sich und dem Goldkern in sich niemals. «Schweigen ist der Anfang der Weisheit», sagt Schlomo Ibn Gewirol. Schweigen führt zu einem neuen Wissen: Ich schaue in mich hinein, ich sehe die Wirklichkeit, wie sie ist, ich verstelle sie nicht mehr mit Worten. Wer schweigt, wird weise. Er weiß mehr. Er sieht auf das Wesentliche. Friedrich Nietzsche hat den Wert des Schweigens am eigenen Leib erfahren. Er war oft mit sich allein. Aber gerade im Schweigen kamen ihm die wichtigsten Einsichten: «Der Weg zu allem Großen geht durch die Stille.» Die Stille klärt das Trübe in uns. So wie der gute Wein lange stehen muss, damit die Trübungen sich klären, so bedürfen wir der Stille, damit sich aller innere Schmutz setzen kann. Und nur wenn wir klar sehen, erkennen wir das Wesen der Dinge. Nur aus solcher Stille kann Großes hervorgehen. Da entdecken wir Neues. Wir sagen nicht nach, was alle anderen auch sagen. Wir kommen mit dem Sein selbst in Berührung. Und so geht uns auf, worum es eigentlich in unserem Leben geht. ∽

10. APRIL
Wozu das Leid?

Wir schauen auf das Leiden Jesu, um uns mit dem eigenen Leid auszusöhnen. Das Leid darf sein. Es gehört zu mir. Ich suche es mir nicht aus. Aber es trifft mich. Und es fordert mich heraus, wie Jesus nach einem neuen Gottesbild Ausschau zu halten. Wer ist dieser Gott, der mir dieses Leid zumutet? Und was ist das Leben, dass es nicht ohne Leid auskommt? Was ist der Mensch, dass er an sich selbst so leidet? ∽

11. APRIL
Es bleibt eine Wunde

Wenn ein Mensch von mir weggerissen wird, bleibt eine Wunde. Viele versuchen daher, dem Abschied aus dem Weg zu gehen. Sie schauen ihm nicht ins Auge. Doch dann holt sie der übersprungene Abschied nach dem Tod des geliebten Menschen ein. Abschied ist unausweichlich. Der Abschied, den wir von einem Sterbenden nehmen, erinnert uns an die vielen Abschiede, die wir im Leben erlitten haben. Auch wenn wir Abschied nehmen von Verstorbenen, üben wir uns ein in den eigenen Abschied: den Abschied von Menschen, den Abschied von Lebensgewohnheiten, von Gefühlen. ∾

12. APRIL
Osterspaziergang

Das neue Leben im Frühling zieht uns ins Freie. Der Osterspaziergang hat nicht erst seit Goethe Tradition. Im Wandern durch die aufblühende Natur können wir etwas von Ostern verstehen.
Wir nehmen den Sieg des Lebens über den Tod auch in der Schöpfung wahr. Indem wir durch die Natur wandern, fühlen wir uns eins mit der aufbrechenden Kraft der Natur, die alles Erstarrte wieder zum Leben erweckt. Im Wandern durch die Schöpfung werden wir selbst neu geschaffen. Wir spüren etwas von der Frische des Frühlings und von der Kraft des Lebens, die stärker ist als der Tod.
Vorschlag: Machen Sie eine längere Wanderung durch die Natur. Stellen Sie sich vor, dass Sie auswandern aus allen Abhängigkeiten und aus allen Bildern, die Sie sich von sich selbst ge-

macht haben. Sie lassen alles hinter sich. Sie wandern sich frei von den Rollen, die Sie bisher gespielt haben, und gehen hinein in die einmalige Gestalt, als die Gott Sie gewollt hat. ∾

13. APRIL
Das Osterlachen

Die italienische Volkskundlerin Maria Caterina Jacobelli hat ein Buch über das Osterlachen geschrieben. Im Mittelalter war es üblich, dass der Prediger im Ostergottesdienst Witze erzählte, die das Volk zum Lachen brachten. Manche Forscher meinen, das Osterlachen gehe auf einen Brauch in Ägypten zurück. Dort hatte das Lachen im Kult seinen festen Platz. Am dritten Tag nach der Auffindung des Osiris hat man sich ausgelassenem Jubel hingegeben. Offensichtlich hat das Lachen an Ostern etwas mit dem dritten Tag zu tun, an dem Jesus auferstanden ist. Der Brauch des Osterlachens war in der mittelalterlichen Kirche bei den Leuten sehr beliebt. Doch die Bischöfe versuchten, diesen Brauch immer wieder zu unterbinden. Er schien ihnen nicht angemessen zu sein für den heiligen Raum der Kirche. Offensichtlich hatte aber das Volk ein tiefes Gespür dafür, dass an Ostern die Lebenslust über den Tod gesiegt hat. ∾

14. APRIL

Lust am Leben

Auferstehung meint den Sieg des Lebens über den Tod, Und das Leben verbanden die Menschen auch damals mit Lust. Leben ist Lust, nicht nur Lust des Geistes, sondern auch körperliche Lust. Jesus sei an Ostern ja leibhaft auferstanden. Für die Priester im Mittelalter war die Sexualität der Ort, an dem sie diese Lust am klarsten festmachen konnten. Und Ostern verstand man als etwas, das einem nach der Fastenzeit neue Lust am Leben schenkte. Lachen hat mit Lust zu tun. Und die Lust hat immer auch eine Beziehung zum Leib. ∾

15. APRIL

Schlüssel zum guten Leben

Ein kleines Kind kommt zu einem alten Mönch. Der hat ein Glas voller Erdnüsse auf seinem Tisch stehen. Das Kind greift mit der Hand in das Glas und nimmt, soviel die Hand fassen kann. Aber nun gelingt es ihm nicht, die zur Faust geballte prall gefüllte Hand wieder aus dem Glas zu bringen. Der Mönch sagt: «Lass los. Nur so kannst du die Nüsse genießen!» Es gibt diese Geschichte als buddhistische Weisheitsfabel, aber auch als Mönchsgeschichte der Wüstenväter. Sie zeigt – über die Kulturen hinweg – einen allgemeingültigen Schlüssel zum guten Leben, ja zur Glückseligkeit: Wer zu viel in seine Hand nehmen möchte, bringt sich selbst um den Genuss. Nur was ich loslasse, kann ich genießen. ∾

16. APRIL

Eltern und Kinder

«Wir wünschen uns Kinder, die sich anpassen und die hervorstechen. Selten sind wir uns bewusst, dass zwischen diesen
beiden Zielen ein Widerspruch besteht!» Die Pulitzerpreis-
trägerin Ellen Goodman macht hier auf ein Dilemma bei der
Kindererziehung aufmerksam: Auf der einen Seite möchten
wir pflegeleichte Kinder, auf der anderen Seite Kinder, die sich
auszeichnen durch ihre eigene Meinung, durch Eigenschaften,
die sie von anderen abheben. Doch angepasste Kinder können
kaum hervorstechen, sie bleiben Mittelmaß. Von beiden Erwartungen müssen wir lassen, damit die Kinder das werden
können, was sie aus sich heraus sind. ∾

17. APRIL

Gehen lassen

Loslassen gehört zum Wesen guter Erziehung. Gute Eltern
wissen, dass sie ihre Kinder loslassen müssen. Doch sobald es
dafür an der Zeit ist, fällt es ihnen gleichwohl schwer. Es gilt
das Wort des großen amerikanischen Verlegers Malcolm For-
bes: «Wer seine Kinder behalten will, muss sie gehen lassen!»
Und zwar erst recht, wenn sie andere Wege gehen, als man
sich das vorgestellt hat. Die Kinder, die ihren eigenen Weg gehen, werden auch immer wieder zurückkommen zu den Eltern und dankbar sein für das, was sie von ihnen mitbekommen haben. ∾

18. APRIL

Ein Geheimnis

Im Orient erzählt man sich die Geschichte von einer Palme, in deren Krone ein böser Mensch einen schweren Stein gelegt hat. Der Stein zwang sie, ihre Wurzeln tiefer in die Erde zu graben. Als der böse Mann nach einem Jahr wiederkam, da überragte diese Palme alle anderen. Ähnlich verhält es sich mit der Dankbarkeit. Sie verwandelt das, was andere mir tun, in eine Herausforderung. Sie hilft mir, auch in schwierigen Situationen des Lebens zu wachsen und meine Wurzeln tiefer zu graben. Sie gibt mir die Kraft, mich nicht auf Lob und Tadel zu gründen. ❧

19. APRIL

Die richtige Lust am Leben

«Wer ist der Mensch, der Lust hat am Leben und gute Tage zu sehen wünscht? Wenn du das hörst und antwortest: ‹Ich›, dann sagt Gott zu dir: Willst du wahres und unvergängliches Leben, bewahre deine Zunge vor Bösem und deine Lippen vor falscher Rede! Meide das Böse und tu das Gute; suche Frieden und jage ihm nach.» Dieser Satz steht ganz am Anfang der Regel des heiligen Benedikt (Prolog 15–17).
25 Jahre lang habe ich in der Abtei Münsterschwarzach die Jugendarbeit geleitet. Unser Motto für die Jugendarbeit war dieses Wort Benedikts im Prolog seiner Regel, in der er junge Männer mit der Frage ins Kloster einlädt: «Wer hat Lust am Leben?»
Unser Ziel war, die jungen Menschen Lust am Leben zu lehren. Doch Lust am Leben ist etwas anderes als das, was die Spaß-

gesellschaft möchte. Es ist etwas anderes als oberflächlicher Fun. Es ist die Kunst, ganz im Augenblick zu leben, mit allen Sinnen zu leben, das wahrzunehmen, was gerade ist. ∾

20. APRIL
Die Kunst des Augenblicks

Die Kunst, präsent zu sein, verlangt einmal Achtsamkeit, zum anderen Loslassen der vielen inneren Stimmen, die ständig etwas von mir wollen oder mich hierhin und dorthin treiben. Ich kann mich nur auf den Augenblick einlassen, wenn ich alles Habenwollen loslasse, wenn ich mich selbst vergessen kann. Loslassen muss ich vor allem die ständige Frage: Was bringt es mir? Was fühle ich dabei? Nur wer sich selbst vergisst, vermag das reine Dasein zu schmecken und die Lust daran zu empfinden. ∾

Anselm – der von Gott Beschützte

Als ich ins Kloster eintrat, habe ich mir als Namenspatron den heiligen Anselm von Canterbury gewählt. Zu ihm habe ich bis heute eine besonders nahe Beziehung. Anselm heißt: Der von den Göttern Beschützte. Nach seinem Biographen, dem heiligen Edmar, galt er als der liebenswürdigste Mensch seiner Zeit. Sein Leben ist geprägt von politischen Konflikten und Unruhen. Er war Bischof, verbrachte aber die meisten seiner Amtsjahre im Exil. Und doch wird hinter allen Konflikten, in die er hineingezogen wurde, immer wieder der eigentliche Antrieb seines Lebens sichtbar: Herz und Verstand aufzuschwingen zum Grund allen Lebens. ◌

Theologie des Herzens

Für mich persönlich ist Anselm bis heute eine ständige Herausforderung, nicht abstrakten Sätzen nachzulaufen, sondern der Sehnsucht meines Herzens zu trauen. Er motiviert mich, den suchenden Menschen nicht zu entmutigen, sondern ihm zu zeigen, dass er mit seiner Sehnsucht nach einer tieferen Liebe nicht allein ist. Anselm ist für mich selbst zudem Ansporn, mich nicht von Katastrophenmeldungen bestimmen und von Klagen über die Zeitverhältnisse entmutigen zu lassen, sondern dem Gott zu trauen, der das Herz des Menschen zu wandeln vermag, der auch nach langen Konflikten wieder Frieden möglich macht. ◌

23. APRIL

Der Sehnsucht vertrauen

Sehnsucht führt über das eigene begrenzte Ich hinaus und relativiert die Probleme, mit denen wir uns herumschlagen. Sie befreit vom Zwang, alles Schöne und Erfreuliche festhalten zu müssen. Wir können uns daran freuen, aber auch wieder davon trennen. Sehnsucht macht uns fähig, mitten in den Konflikten des Lebens gelassen zu bleiben. Was unsere Erwartungen nicht erfüllt, vermag die Sehnsucht zu vertiefen. Nicht Frustration und Traurigkeit sind dann die Konsequenz, sondern innere Freiheit und Zuversicht. Alles, was querläuft, kann dem, der seiner Sehnsucht traut, seine Liebe und Liebenswürdigkeit nicht rauben. Es wird sie nur stärken und vertiefen. ॐ

24. APRIL

Ressourcen

Erschöpfte Menschen sehnen sich nach Energiequellen, aus denen sie schöpfen können. «Meine Energie-Quelle», so warb eine Mineralwasserfirma auf großen Plakaten, eine andere verwendet den Slogan «Die Quelle reiner Kraft». Bei Managerkursen geht es auch darum, wieder «aufzutanken». Die Psychologie spricht heute von seelischen Ressourcen. Das Wort bezeichnet einen Bestand, ein Reservoir, aus dem man schöpfen kann. Es ist vom lateinischen Wort «resurgere» abgeleitet, das «wiedererstehen» bedeutet. Es ist das gleiche Wort, das in der Bibel für die Auferstehung Jesu verwendet wird. ॐ

25. APRIL
Worte mit Heilkraft

Als ich anfing, Kurse zu halten, kostete mich die Vorbereitung immer viel Kraft. Ich grübelte oft lange, wie ich den Kurs aufbauen sollte oder welche Übungen ich machen könnte. Nach jeder Einheit begann ich von Neuem zu überlegen, ob die oder jene Übung nun besser ins Konzept passe oder mehr bei den Leuten bewirke. Heute weiß ich: Es ging mir nicht so sehr um das schlüssige Konzept, sondern um meine Wirkung nach außen. Ich wollte es allen recht machen. Mein Ehrgeiz war: Die Teilnehmer und Teilnehmerinnen sollten meinen Kurs gut finden. Und ich setzte mich selbst unter Druck, dass möglichst viel herauskommen sollte. Das hat mich Kraft gekostet. Da half mir der Satz Jesu, den er zum Gelähmten gesprochen hat: «Steh auf, nimm dein Bett und geh!» Ich wusste manchmal vor einer Arbeitseinheit im Kurs nicht genau, was ich machen sollte. Ich hatte natürlich ein paar Alternativen überlegt. Aber ich hörte auf, darüber nachzugrübeln, welche Alternative die beste wäre. Wenn ich den Kursraum ging, sagte ich mir das Wort vor: «Steh auf, nimm dein Bett und geh!» Dann traute ich dem ersten Impuls, der kam. Das Wort, das Jesus zum Gelähmten sprach, befreite mich vom Druck, immer alles optimal zu machen. Meine Impulse kamen nicht mehr nur aus dem Kopf und aus dem Verlangen, alles richtig und gut zu machen, sondern aus einer größeren Tiefe. Dieses Wort brachte mich in Berührung mit der inneren Quelle. ∾

26. APRIL

Worte wie Kraftquellen

Für viele Christen ist die Bibel eine Quelle, aus der sie leben. Als ich Maria, die bei uns in der Verwaltung gearbeitet hatte und lange an einer schweren Krebserkrankung litt, vor ihrem Tod fragte, welches Wort ihr wichtig geworden sei in ihrem Leben, da nannte sie den Anfang eines Liedes, das ein Wort Jesu meditierte: «Mir nach, spricht Christus, unser Held.» In diesem Lied ist vom Kreuz die Rede, das jeder auf sich nehmen muss. Man möchte meinen, ein solches Wort könnte eher als eine Bedrohung empfunden werden. Doch für diese Frau war es ein tröstlicher Begleiter. Und gerade in ihrer Krebskrankheit gab ihr dieses Wort die Kraft, sich selbst nicht aufzugeben, sondern mit der Krankheit zu kämpfen. ☙

27. APRIL

Perspektive himmelwärts

Im Traum erleben wir häufig, wie wir fliegen können. Wir heben ab, steigen in die Lüfte, um die Leichtigkeit des Seins zu erfahren, um unsere Welt von oben und anders zu sehen. Wir sind nicht mehr fixiert auf die Probleme, die uns sonst so dicht und bedrängend umgeben. Dann relativieren sie sich. Sie erscheinen uns klein. Wir gewinnen mit der Distanz auch an Freiheit. Der Lyriker Karl Krolow hat offensichtlich solche Erfahrungen im Blick, wenn er meint, das Glücklichsein beginne immer ein wenig über der Erde. ☙

28. APRIL
Rückzugszeiten

Wir alle brauchen immer wieder Zeiten der Stille, in denen wir uns zurückziehen können vom Lärm, der uns oft genug umgibt, vom Lärm der Arbeit, von den vielen Gesprächen und Vorträgen. Jeder hat andere Formen entwickelt, wie er sich zurückziehen kann. Der eine geht spazieren, der andere macht einen so genannten Wüstentag – einen Tag der spirituellen Vertiefung und Konzentration, ohne die Anforderungen des Alltags. Ein anderer zieht sich in sein Zimmer zurück und zieht den Telefonstecker heraus, damit er nicht erreichbar ist. Jeder von uns braucht die Möglichkeit des Rückzugs, damit er Rückhalt findet, einen festen Halt, auf dem er stehen kann. ∾

29. APRIL
Der Engel des Humors

Ich wünsche dir, dass der Engel des Humors dein ständiger Begleiter wird. Er soll deine Seele mit Heiterkeit und Milde erfüllen. Er lehrt dich das Lachen über dich selbst, nicht das zynische Lachen, sondern das Lachen des Glaubens, das alles Gegensätzliche in dir überbrückt und dich an den Punkt jenseits aller Gegensätze führt. Mach dir das Leben nicht schwer, indem du humorlos zu ernst nimmst, was dir an dir selbst nicht gefällt und was dir an anderen sauer aufstößt. Lass es sein! Schau hinter die Dinge! ∾

30. APRIL

Was mich ungeplant durchkreuzt

Lebensfreude ist überraschend: Wer sein Leben genau plant, so dass alles so abläuft, wie er sich das täglich vornimmt, der mag darin eine gewisse Befriedigung finden. Doch die Freude entsteht eigentlich gerade dann, wenn etwas Unvorhersagbares eintrifft, wenn mich ein Freund nach langer Pause wieder anruft, wenn die Sonne auf einmal durch den Nebel dringt, wenn sich ein Problem von selbst löst, wenn eine gute Nachricht eintrifft. Freude und Überraschung sind Geschwister. Dort, wo ich kreativ reagiere auf das, was mich ungeplant durchkreuzt, dann habe ich das Gefühl: Es ist gut so. Ich lasse alles liegen und stehen und gehe mit dem Freund spazieren, der gerade vorbeikommt. Manche tun sich schwer, ihre Planungen durchkreuzen zu lassen. Wenn ich von Terminen belegt bin, dann fällt es mir auch schwer, mich über einen nicht angekündigten Besuch zu freuen. Denn ich kann mir dann kaum Zeit nehmen. Doch wenn ich mehr Kraft darauf verwende, dem Besuch zu erklären, dass ich keine Zeit habe, wenn ich mich nicht auf den kurzen Augenblick der Begegnung, und sei er noch so kurz, einlassen kann, dann nehme ich mir selbst die Freude. Für mich ist Zeitdisziplin sehr wichtig. Da tue ich mich manchmal schwer mit Unvorhersehbarem. Aber ich weiß auch, dass die Disziplin nicht die Freude machen kann. ❧

MAI
Liebe, was sonst?

1. MAI

Glück und Liebe sind eins

«Es gibt nur einen angeborenen Irrtum, und es ist der, dass wir da sind, um glücklich zu sein.» Von Arthur Schopenhauer stammt dieser Satz, und er scheint zu bestätigen, dass Schopenhauer ein hoffnungsloser Pessimist war. Dennoch steckt auch in diesem Satz ein Stück Wahrheit. Je mehr wir direkt das Glück wollen, desto weniger werden wir es erreichen. Ich kann das Glück nicht bewusst anstreben. Glücklich werde ich sein, wenn ich liebe, wenn mir etwas gelingt, wenn ich etwas erfahre, was mich tief berührt. Ich kann mich für die Liebe entscheiden. ❧

2. MAI

Freundschaft und Liebe

Psychologen haben festgestellt, dass Ehen, die aus einer langjährigen Freundschaft heraus geschlossen werden, länger halten als Ehen, die Verliebte aufgrund ihrer leidenschaftlichen Liebe eingehen. Aber auch wenn Verliebte sich heiraten, kann ihre Ehe sich zur Freundschaft wandeln. Wenn die Ehe nur auf den körperlichen Reizen aufgebaut ist, haben sich die Eheleute oft bald nichts mehr zu sagen. Wenn sie jedoch nach den ersten Enttäuschungen lernen, ihre geistigen, seelischen Interessen miteinander auszutauschen, kann aus der Liebe Freundschaft werden. Dann wird die Freundschaft die Liebe vertiefen und die Liebe die Freundschaft befruchten. ❧

Mit dem Herzen sehen

Das Wesentliche eines Menschen ist unsichtbar. Aber auch das Wesentliche der Welt. – Lebenskunst besteht darin, mit dem Herzen zu sehen. Nur wenn ich mit dem Herzen sehe, begegne ich in der Blume der Schönheit ihres Schöpfers. Nur dann empfinde ich beim Anblick eines Baumes die Sehnsucht, so in meine Gestalt hineinzuwachsen und so aufzublühen, dass andere in meinem Schatten Geborgenheit und in meiner Nähe Trost finden. Nur das Herz sieht in allem die Spuren jener letzten Wirklichkeit und Gewissheit, die mich aus dem Antlitz jedes Menschen und aus jedem Stein und jedem Grashalm anblickt, um mir zu sagen: «Du bist geliebt. Die Liebe umgibt dich in allem, was du siehst.» ᘛ

4. MAI

Der Engel der Treue

Ich wünsche dir den Engel der Treue an deiner Seite, Menschen, die treu zu dir stehen, auf die du dich verlassen kannst. Und ich wünsche dir, dass der Engel der Treue dich befähigen möge, selber treu zu sein. Dann wirst du erfahren, wie du andern Menschen guttust und wie du in der Launenhaftigkeit deines Herzens dein wahres Selbst findest. Die Treue zeigt sich in deiner Verlässlichkeit, in deiner Bereitschaft, zu einem andern sein Leben lang zu stehen, mit ihm alle seine Wandlungswege mitzugehen, ohne dich von ihm abzuwenden. Über solcher Treue liegt ein Segen. ᘛ

5. MAI
Miteinander im Gespräch bleiben

Soziologen sagen, dass Ehepartner am Tag oft nicht länger als zehn Minuten miteinander reden. Inzwischen schlagen daher viele Psychologen ritualisierte Paargespräche vor, damit die Wahrnehmung der Gefühle und Bedürfnisse des Partners und der wechselseitige Austausch in einem tieferen Sinne auch gelingen. – Es gibt zum Beispiel den «Sprechstein»: Einmal in der Woche reservieren sich die Ehepartner einen Abend füreinander. Jeder darf das sagen, was ihn bewegt. Während er spricht, nimmt er einen Sprechstein in die Hand. Solange er spricht, darf der andere ihn nicht unterbrechen. Erst wenn der Stein wieder auf dem Tisch liegt, kann ihn der andere nehmen und nun das sagen, was ihm wichtig ist. ༄

6. MAI
Rosenwunder

Viele denken heute, sie müssten vor allem ihre eigenen Grenzen wahren, damit sie sich nicht überfordern. Doch oft genug fühlen sie sich in ihren engen Grenzen eingezwängt, und das Leben in ihnen erstirbt. Trau dich, auf Menschen zuzugehen, nicht um dein schlechtes Gewissen zu beruhigen, sondern aus einer inneren Freiheit heraus. Entwickle Fantasie, wie du Freude in das Leben der Menschen bringen kannst. Die Rosen, die du in das Leben anderer bringst, duften dann nicht nur für sie, sondern auch für dich. ༄

Herzenswärme

Wenn ich die Engeldarstellungen der Gotik anschaue, etwa die Engel bei Fra Angelico, da wird es mir warm ums Herz. Es sind Engel, die eine warme Liebe ausstrahlen. In ihnen ist nichts Trübes, nichts Kaltes, nichts Feindliches. Von ihnen gilt, was Paracelsus einmal von den Engeln sagte: «Ihr sollt wissen: Der Engel ist der Mensch ohne das Tödliche.» Weil das Destruktive, das Krankmachende an den Engeln fehlt, kann von ihnen eine Wärme ausgehen, an der wir uns wärmen können, ohne zu verbrennen. Wenn ich diese Engel anschaue, spüre ich, wie mir diese Wärme guttut. Und ich werde erfahren, dass dann auch von mir Wärme ausgeht. Dafür darf ich dann dankbar sein. Diese Wärme reicht für alle, weil sie aus göttlicher Quelle gespeist wird. ༷

8. MAI

Meine Lebensspur

Dem eigenen Stern folgen und die eigene Lebensspur in diese Welt eingraben, das bedeutet nicht, dass ich etwas Großes oder in den Augen meiner Umgebung Bedeutendes leisten muss. Es geht um etwas anderes: Es geht darum, dass ich mit meinem innersten Wesen in Berührung bin und es in diese Welt hinein ausstrahle. Für den einen ist es die Ausstrahlung von Heiterkeit, von Lebensfreude, für den anderen die Ausstrahlung von Weisheit und Tiefe, von Hoffnung und Zuversicht. ༷

Mit Herz und allen Sinnen

Psychologen wie Walter Lechler beklagen, dass es heute keine Kultur zwischenmenschlicher Liebe gebe. Sobald man zärtlich miteinander ist, glaubt man schon ein Anrecht darauf zu haben, mit dem Partner oder der Partnerin ins Bett zu gehen. Zärtlichkeit wird als Vorstufe zum sexuellen Verkehr gesehen und nicht als Wert an sich. Deshalb legt Walter Lechler in seiner Klinik soviel Wert auf einen zärtlichen Umgang, der keine Angst vor der Berührung hat, der aber bewusst den sexuellen Kontakt ausschließt. Für ihn ist das ein heilender Faktor seiner Therapie. Es ist eine Liebe, die sich auf den anderen einlässt, die ihn ganz nahe an sich heranlässt, die ihn umarmt und körperlich spürt, ohne ihn besitzen oder vereinnahmen zu wollen. Er spricht von «Sexualität versus Sensualität», von der Verwandlung der Sexualität in Sinnlichkeit. Wir müssen lernen, sinnliche Menschen zu werden, diese Welt sinnlich wahrzunehmen, einander mit allen Sinnen zu spüren. Je sinnlicher ich bin, desto mehr kann ich genießen und desto besser kann ich den anderen freilassen. Ich werde nicht an ihm kleben und ihn vereinnahmen, sondern ihn spürend loslassen. Unserer Zeit täte so eine neue Kultur zärtlicher Liebe gut. ∾

10. MAI
Tägliche Übung

«Im Grunde ist jedes Unglück gerade nur so schwer, wie man es nimmt.» Die österreichische Dichterin Marie von Ebner-Eschenbach hat mit diesem Satz vor allem die kleinen Missgeschicke des Tages im Sinn. Und da liegt es an uns, wie schwer wir das nehmen, was uns widerfährt. Wir können uns hineinsteigern und am Sinn unseres Lebens zweifeln, oder wir können es als Herausforderung nehmen, an der wir wachsen können. Das Glück liegt in unserem Herzen. Wir haben die Wahl. ➳

11. MAI
Schicksalschläge

Wir können ein Unglück nicht ändern. Wenn wir einen Autounfall haben, können wir ihn nicht rückgängig machen. Aber wir können dankbar sein, dass wir mit dem Leben davongekommen sind. Natürlich kann und darf die Deutung nicht willkürlich sein. Wenn jemand beim Unfall ums Leben kommt, können wir das nicht auf die leichte Schulter nehmen. Es tut weh. Und es tut uns gut, diesen Schmerz zuzulassen. Aber auch hier wird es an uns liegen, wie schwer wir es auf Dauer nehmen, ob wir uns ein Leben lang davon niederdrücken lassen, oder ob wir durch die Trauer hindurch zu einer neuen Intensität des Lebens gelangen. ➳

12. MAI
Stehvermögen

Um die eigene Standfestigkeit zu spüren, empfiehlt sich folgende Übung: Stelle dich gut hin, die Füße etwa in Hüftbreite auseinander. Sage dir: «Ich habe Stehvermögen. Ich kann für mich einstehen. Ich stehe zu mir.» Spüre in dich hinein, ob die Sätze mit deinem Stehen übereinstimmen. Dann stell dich ganz eng hin, mit hochgezogenen Schultern und sage die gleichen Sätze ... Und dann stelle dich ganz breit hin, so wie die Cowboys in den Wildwestfilmen, und meditiere dich in diese Sätze hinein ... Du wirst sehen, dass die beiden letzten Haltungen den Sätzen widersprechen. Die erste sagt: Wer in sich beziehungsweise in Gott ruht, der steht fest, ohne sich festzukrallen. Er ist in sich klar. ✺

13. MAI
Dem eigenen Stress auf der Spur

Etwas zu leisten tut gut. Leistung lockt unsere Fähigkeiten heraus. Arbeit tut nicht gut, wenn sie das Leben ganz und gar bestimmt. Es tut uns nicht gut, wenn wir uns ständig überfordern. Stress mag für viele als Statussymbol gelten. Aber die Wahrheit ist: Stress zeigt meistens, dass einer nicht gut mit sich umgehen kann. Es führt nicht weiter, hart gegen sich selbst zu sein und sich an die Überlastung zu gewöhnen. Wer hart ist gegen sich selbst, ist in Gefahr, sein Herz auch gegenüber den anderen zu verhärten. Versuche, die Ursachen für deinen Stress zu entdecken – und die nötige Abhilfe zu schaffen. ✺

Teilen statt klammern

Eine der klarsten Geschichten über Reichtum steht im Evangelium des Lukas. Lukas schreibt für den damaligen Mittelstand, für Großgrundbesitzer, Großhändler und Steuereintreiber, die es zu einem gewissen Wohlstand gebracht haben und Interesse haben an Bildung und Philosophie. Eine Szene ist auch heute von hoher Aktualität. Da kommt ein Mann zu Jesus, der sich über seinen älteren Bruder beschwert, er sei nicht bereit, sein Erbe mit ihm zu teilen. Wenn es ums Erben geht, zerstreiten sich auch heute Brüder und Schwestern. Dabei geht es nicht nur um die Verteilung des Geldes, sondern letztlich darum, wer mehr vom Vater oder von der Mutter geliebt worden ist, wer der eigentliche Lieblingssohn, die Lieblingstochter von Vater und Mutter war.

Jesus weigert sich, als Richter und Schlichter aufzutreten, wie es damals die Schriftgelehrten durchaus taten. Er will die Menschen auf eine andere Ebene führen und die Augen der Zuhörer für das Eigentliche öffnen. Sie sollen sich über den Sinn ihres Lebens Gedanken machen. Und der Sinn des Lebens besteht nicht im Überfließen dessen, was man besitzt. Der Besitz verführt dazu, ihn festzuhalten, besessen und süchtig zu werden. Dann stockt das Leben.

Überfließen kann nur das Leben, das von der Liebe geprägt ist, die austeilt, anstatt festzuklammern. ∾

Unsere Kinder ...

Der libanesische Dichter Khalil Gibran versteht unter Erziehung etwas Ungewöhnliches. Es kommt dem nahe, was die Sprache zum Ausdruck bringt: herausziehen, hervorlocken, was immer schon da ist: «Deine Kinder sind nicht dein Besitz, sie sind Söhne und Töchter der Sehnsucht des Lebens nach sich selbst. Ihre Seele wohnt im Haus des Morgen, wo du sie nicht besuchen kannst!» – Die Kinder gehören nicht den Eltern und Erziehern. Sie haben in sich eine Sehnsucht, der zu sein, der sie von Gott her sein wollen, dem einmaligen Bild zu entsprechen, das Gott sich von ihnen gemacht hat. Das verlangt, dass die Eltern sich in das Geheimnis jedes Kindes hineinmeditieren. Welche Sehnsucht steckt in diesem Kind? Was ist sein Geheimnis? Was denkt es? Wie fühlt es? Was ist seine Stärke, was seine Begabung? Wenn ich jedes Kind meditiere, erkenne ich, dass jedes einmalig und einzigartig ist, dass jedes seine eigene Weise hat zu denken, zu fühlen, zu handeln, zu wachsen. Ich kann über das Kind nicht verfügen. Ja, es wohnt in einem Haus, in dem ich es nicht besuchen kann. Ich kann nur erahnen, was das Morgen ist, das in diesem Kind aufleuchtet. Aber ich weiß nicht, was für es stimmt. Ich kann mich im Haus seiner Seele nicht umsehen wie in seinem Zimmer, das ich aufräume, wenn es durcheinandergeraten ist. Das Haus seiner Seele darf und vermag ich nicht einzurichten nach meinem Geschmack. Es ist unzugänglich für mich. Ich kann es nur achten und dafür beten, dass das Kind in diesem Haus des Morgen sein eigenes Morgen erkennt und zulässt. ❧

16. MAI
Zeit, ein offenes Herz, Mitgefühl

Meine Mutter, eine durch und durch praktisch veranlagte Frau, hat sich den Dingen gestellt und sie – so gut es ging – organisiert und bewältigt. Und sie hat ihr Leben lang eine optimistische Einstellung bewahrt. Auch als sie im Alter kaum mehr sehen konnte, hat sie nicht gejammert, sondern immer das Positive gesehen und die Schwächen mit Humor angenommen. Sie hat sich geistig fit gehalten. Und sie hatte eine angeborene Weise, andern zuzuhören. Sie hatte ein eigenes Gespür, mit den Menschen ins Gespräch zu kommen und aus ihnen herauszulocken, wie es ihnen wirklich ging. ∾

17. MAI
Gesunde Zeitdisziplin

Was ich von meinem Vater gelernt und dann später im Internat und in der Schule vertieft habe, war eine klare Disziplin. Er war es auch, der mich lehrte, bei einer Sache zu bleiben. Und so entwickelte ich während der Gymnasialzeit eine eigene Art und Weise zu lernen: niemals zu lange an einem Stück, immer abwechselnd die innere Aufmerksamkeit auf verschiedene Gegenstände steuernd. Diese Art von Zeitdisziplin, die einem inneren Rhythmus folgt, ist für mich auch heute eine wichtige Quelle, aus der ich schöpfe. Ich habe nicht den Eindruck, dass ich mich in die Disziplin hineinzwänge. Sie ist vielmehr die Form meines Arbeitens, die meiner Seele entspricht. ∾

18. MAI

Kinder brauchen Grenzen

Viele Eltern tun sich schwer, ihren Kindern Grenzen zu setzen, denn sie wollen das Beste für ihre Kinder. Oft leiden sie selbst darunter, dass ihre Eltern ihnen zu enge Grenzen gesetzt haben, die sofort mit Strafen und Strafandrohungen verbunden waren. Aus Angst, die Kinder den gleichen Erfahrungen auszuliefern, setzen sie kaum noch Grenzen. Doch damit tun sie sich selbst und den Kindern keinen Gefallen. Denn die Kinder können sich an den fehlenden Grenzen nicht mehr reiben. Reibung erzeugt Wärme. Grenzen setzen ist also durchaus ein Zeichen von Liebe. Eine Erziehung, die keine Grenzen setzt, wird von den Kindern nicht als Freiheit und Liebe erfahren. ൠ

19. MAI

Konflikte gehören dazu

Eltern tun den Kindern keinen Gefallen, wenn sie immer nur verständnisvoll sind und mit ihnen über ein ungutes Verhalten bloß diskutieren. Die Kinder spüren genau, dass die Eltern zu feige sind, die Auseinandersetzung mit ihnen zu wagen. Sie sagen dann: «Du nervst mich.» Kinder brauchen nicht nur, sie wollen auch Eltern, die klar sagen, was sie wollen. Doch viele Eltern schrecken davor zurück. Sie wollen nur Verständnis zeigen und letztlich Verständnis der Kinder erfahren, anstatt den herberen Teil ihrer Rolle als Vater oder Mutter ernst zu nehmen. ൠ

20. MAI
Manchmal bin ich einfach

«Manchmal denke ich. Und manchmal bin ich.» Paul Valery hat mit dieser Einsicht eine überraschende Erfahrung vieler erleuchteter Menschen formuliert: eine Einsicht, die uns alle betrifft. Wir haben einen Verstand, und den müssen wir auch gebrauchen. Er hilft uns, unser Leben zu meistern. Doch manchmal steht der Verstand unserer Sehnsucht nach Leben im Weg. Solange ich über mein Leben nachdenke, bin ich auch in Distanz, ziehe ich mich vom Leben zurück. Ich reflektiere das Leben, aber ich nehme es nicht wahr. Ich spüre es nicht. Paul Valery kennt die andere Erfahrung, dass er manchmal einfach nur da ist. Der Verstand ist nicht ausgeschaltet, aber er ruht. ❧

21. MAI
Eine gute Medizin

Dass Gesundheit zu einem guten Leben nötig ist, sieht jeder ein. Doch heute wird sie häufig als das höchste Gut schlechthin gesehen. Alle Anstrengungen kreisen dann nur darum, möglichst gesund zu leben. Die alten griechischen Ärzte wussten, dass Gesundheit das Ergebnis anderer Werte ist: Wer seiner Natur gemäß lebt, der lebt gesund. Zur Natur des Menschen gehört es jedoch auch, über sich hinauszublicken. Aber selbst wenn man alle gesunden Wege geht – gesunde Lebensführung, gesunde Ernährung, gesunde Lebenseinstellung, gesunde Spiritualität: Eine Garantie für die Gesundheit gibt es nicht. ❧

22. MAI

Im Nichtwissen fröhlich

«Ich komm, weiß net woher,
Ich fahr, weiß net wohin,
Mich wundert's,
dass ich fröhlich bin.»

Es sind eigenartige Verse, die dieses mittelalterliche Gedicht uns überliefert. Obwohl der Dichter nicht weiß, woher er kommt und wohin er geht, ist er doch fröhlich. Und er wundert sich über seine Fröhlichkeit. Er stellt sich die Grundfragen des Menschseins: Woher komme ich und wohin gehe ich? Aber er gibt sein Unwissen zu. Er kennt die letzten Antworten nicht. So begnügt er sich mit seinem Nichtwissen. Und damit erringt er die wahre Weisheit, die nach Sokrates darin besteht: zu wissen, dass ich nichts weiß. In seinem Nichtwissen ist er dennoch fröhlich. Er wundert sich darüber. Er kann seine Fröhlichkeit nicht erklären. Sie hat keinen Grund. Sie ist einfach in ihm. Er freut sich, weil er sich freut. ∾

23. MAI

Zur Freude geboren

Fröhlichkeit ist offensichtlich eine Grundlage des Daseins. Und damit liegt bei allem Nichtwissen etwas Wesentliches über den Menschen: Der Mensch ist Freude. Die Fröhlichkeit ist ihm von Natur aus mitgegeben. Letztlich ist sie ein Gottesgeschenk. Aber auch das will der Dichter nicht beweisen. Er nimmt dankbar an, dass er fröhlich ist. Das genügt ihm. ∾

Nichts Schöneres unter dem Himmel

Joachim Ringelnatz zeichnet sich durch seine satirischen Verse aus. Doch hinter der Satire steckt bei ihm offensichtlich noch mehr: eine Lust, die üblichen Vorstellungen der Menschen in Frage zu stellen und den Menschen auf neue Wege zu weisen:

«Zupf dir ein Wölkchen aus dem Wolkenweiß,
Das durch den sonnigen Himmel schreitet.
Und schmücke den Hut, der dich begleitet,
Mit einem grünen Reis.
Verstecke dich faul in die Fülle der Gräser.
Weil's wohl tut, weil's frommt.
Und bist du ein Mundharmonikabläser
Und hast eine bei dir, dann spiel, was dir kommt.
Und lasse deine Melodien lenken
Von dem freigegebenen Wolkengezupf.
Vergiss dich. Es soll dein Denken
Nicht weiter reichen als ein Grashüpferhupf.»

… Ein fröhliches Gedicht, ein fantastisches Spiel mit Bildern und Worten, das den Ernst des Lebens für einen Augenblick vergessen lässt, das eine kosmische Melodie der Schöpfungslust und Selbstvergessenheit und des Daseins im Augenblick anstimmt. Und das, indem es die Gedanken ohne Ziel und Zweck «hüpfen» lässt, nichts anderes ist als Sprache gewordene Lebenslust. Auch Ringelnatz ist überzeugt: Es gibt nichts Schöneres unter dem Himmel. ༔

25. MAI

Die Suche nach Glück

Wir können das Glück durchaus bewusst und aktiv suchen. Jede Philosophie war letztlich Suche nach dem Glück. Die Philosophen haben ja auch immer wieder Wege aufgezeigt, wie wir das Glück finden können. Aber diese Wege fordern uns als Menschen ganz und gar heraus. Notwendig ist beides: Es braucht die Anstrengung des Denkens, was wirkliches Glück ist. Und es braucht den Übungsweg, der immer über die Begegnung mit der eigenen Wahrheit geht, um uns – nicht immer, aber immer öfter – glücklich fühlen zu können. ∾

26. MAI

Dann ist alles gut

Natürlich kenne ich manchmal Gedanken wie: «So gut möchte ich formulieren können wie Augustinus oder wie Erhart Kästner.» Doch wenn ich das merke, dann versuche ich, bei mir zu sein und mir vorzusagen: «Ich bin ich. Und es ist gut so, wie ich bin. Ich tue das, was für mich stimmt.» Wenn es mir dann gelingt, ganz im Einklang mit mir selbst zu sein und dankbar anzunehmen, was Gott mir an Fähigkeiten gegeben hat, aber auch dankbar zu sein für die Grenzen, die ich wahrnehme, dann ahne ich, was wirkliches Glück ist. Ich sitze da, atme ein und aus und genieße es, das Leben zu spüren, mich in meiner Einmaligkeit wahrzunehmen. Dann schmecke ich das Leben, dann koste ich das Glück. Ich bin von Gott so geformt und gebildet, in seiner Liebe geborgen. Dann ist alles gut. ∾

Diskretion

«Siehst du jemanden antworten auf alles, was man ihn fragt, ansprechen alles, was er bemerkt, erwähnen alles, was er gelernt hat, so schließe daraus: Er ist ein Tor!» Heute würden wir sagen, dass es die Tugend der Diskretion ist, die Ibn Ata Allah hier vermisst. Wer auf alles eine Antwort weiß, wer zu allem seinen Kommentar abgeben muss, der ist indiskret. Er ist taktlos, aufdringlich, zudringlich. Für den heiligen Benedikt ist die «discretio» die Mutter aller Tugenden. Discretio ist die Gabe der Unterscheidung der Geister, das Gespür für das richtige Maß. Das Wort kommt von «discernere: scheiden, trennen, unterscheiden».

Im Deutschen hat Diskretion eine andere Bedeutung angenommen. Da «discernere» auch «absondern» bedeuten kann, wurde Diskretion mehr als Verschwiegenheit und Zurückhaltung verstanden. Ich betrachte mit Abstand, aus der Absonderung heraus. Ich urteile nicht. Ich muss nicht reden über die Dinge. Diskretion ist die Fähigkeit, die Dinge stehen zu lassen, sich jedes Urteilens und Bewertens zu enthalten. Diskretion schafft eine angenehme Atmosphäre.

In der Nähe eines diskreten Menschen fühle ich mich frei, ich selbst zu sein: Ich werde nicht beobachtet und bewertet, ich darf sein. Dem diskreten Menschen werde ich mich anvertrauen, wenn mich eine Frage umtreibt oder wenn es mir nicht gut geht. Da habe ich keine Angst, von mir zu sprechen. Ich weiß, dass der andere es für sich behält. Indiskretion zerstört Gemeinschaft. Diskretion ist ihre Grundlage. ᴄᴡ

In uns ein Raum ...

Wir haben in uns einen Raum, zu dem die alltäglichen Probleme keinen Zutritt haben, in dem wir aufatmen können. In diesem Raum kann ich die Erfahrung machen: Ich habe Fehler, aber ich bin nicht meine Fehler. In diesem Raum wird all das, was mir zu schaffen macht, relativiert. Es hat keine letzte Macht über mich. Dieser Raum ist frei von Wut und Angst, frei von Enttäuschungen und Selbstvorwürfen. Ich kann zu allem, was in mir ist, Ja sagen. Ich weiß, dass in diesem Raum nichts über mich Macht hat. Weil ich dort heil und ganz bin, darf ich sanft und gut mit mir umgehen. ∾

29. MAI

Lob der Langsamkeit

Es gibt eine Schnelligkeit, die uns am guten Leben hindert. In ihr verlieren wir die Fähigkeit, im Augenblick zu sein und das zu genießen, was wir gerade erleben. In Kursen übe ich mit den Teilnehmern manchmal bewusst die Langsamkeit ein. Ich lasse die Menschen in der Gebärde der Schale ganz langsam durch den Raum gehen. Sie sollen sich vorstellen, dass sie in ihrer Schale etwas Kostbares tragen, das sie nicht verschütten möchten. Und so gehen sie langsam vor sich her und erleben erst das Geheimnis, ganz im Augenblick. Diese einfache Übung wird für viele zu einer Erfahrung der reinen Gegenwart. Und wenn sie ganz im Augenblick sind, erleben sie das Leben in seiner ganzen Intensität. Sie erleben, dass ihr Leben gut ist. ∾

30. MAI
Luxus, den ich mir gönne

Heute schöpfe ich vor allem aus der Quelle meines Lebens als Mönch. Die ersten drei Stunden des Tages sind Stunden der Stille, des Gebetes und der Meditation. Da habe ich das Gefühl, dass diese drei Stunden, die Gott gehören, zugleich auch mir gehören. Es sind Stunden, in denen ich bei mir bin, und in denen ich mich für Gott öffne, die eigentliche Quelle meines Lebens.

Auch wenn ich viel zu tun habe, sind diese drei Stunden für mich eine geheiligte Zeit, die ich durch nichts stören lasse. Der Rhythmus des Tages mit seinen Gebetszeiten ist für mich ein wichtiges Gerüst, um nicht aus meiner Mitte und aus der Verbindung mit der inneren Quelle zu fallen. Gerade das Singen der Psalmen ist für mich dabei wichtig. Natürlich ist das Singen manchmal auch mühsam, vor allem wenn der Chor den Ton nicht zu halten vermag. Aber normalerweise freue ich mich auf die Vesper, in der wir eine halbe Stunde lang Psalmen singen.

Oft erlebe ich das als Luxus, den ich mir gönne, auch wenn es viel zu arbeiten gibt. Aber das Festhalten an den Gebetszeiten relativiert meine Arbeit und zeigt mir auf, worum es eigentlich geht: «... damit in allem Gott verherrlicht werde». ∽

Die innere Quelle

Beobachten Sie eine Quelle in der Natur und stellen Sie sich vor, dass in Ihnen die Quelle des Heiligen Geistes strömt. Sie erfrischt Sie, heilt Sie, stärkt Sie, befruchtet Sie und reinigt Sie. In der Meditation kann ich mir vorstellen, dass auf dem Grund meiner Seele diese Quelle strömt. Sie ist immer in mir. Nur bin ich oft genug davon abgeschnitten, weil sich eine Schicht von Sorgen und Ängsten darüber gelegt hat.

An Pfingsten möchte ich in der Meditation wieder in Berührung kommen mit dieser inneren Quelle und mich von ihr erfrischen und stärken lassen. ∾

JUNI

An Quellen des Lebens

1. JUNI
Damit unser Leben taugt

«Die Frucht des Geistes aber ist Liebe, Freude, Friede, Langmut, Freundlichkeit, Güte, Treue, Sanftmut und Selbstbeherrschung» (Galater 5,22f). Paulus spricht von der Frucht des Geistes in der Einzahl, weil er an eine einzige Quelle denkt. Der Heilige Geist ist die Quelle, aus der die Frucht des Geistes im Menschen sichtbar wird. Die Frucht zeigt sich in verschiedenen Haltungen, die dem Menschen Halt geben, und in Tugenden, die der Mensch braucht, damit sein Leben taugt. Wieder geht es um eine mehrfache Beziehung. Wir können die Tugenden nicht nur als Frucht sehen, die aus der Quelle des Heiligen Geistes wächst. Sie verweisen uns auch auf die innere Quelle, aus der sie aufblühen. Und sie sind Kraftquellen, die unser alltägliches Leben befruchten und es gelingen lassen. ∾

2. JUNI
«Heile, was verwundet ist»

Eine wirksame Heilung bedarf der heilenden Quelle. In uns ist diese heilende Energie. Sie ist uns von Gott geschenkt. Jesus heilt die Menschen, indem er sie mit dieser inneren Quelle in Berührung bringt. Der Heilige Geist, den wir in unserem Atem spüren können, ist eine heilende Kraft. Wenn wir sie mit dem Atem in unsere Wunden strömen lassen, dann dürfen wir vertrauen, dass sie geheilt werden. Die Wunden verschwinden nicht einfach, aber diese Kraft lindert den Schmerz und tut dem verletzten Menschen gut. ∾

Erfrischung, Reinigung, Heilung

Die Quelle des Heiligen Geistes in uns hat fünf Bedeutungen. Sie erfrischt, sie reinigt und heilt, sie befruchtet und stärkt. Die Quelle des Heiligen Geistes erfrischt: Wer aus ihr schöpft, der macht einen frischen Eindruck. Die Gedanken, die er äußert, sind nicht abgestanden, sondern neu. Von einem solchen Menschen gehen neue Ideen aus.

Die Quelle des Heiligen Geistes reinigt: Viele fühlen sich heute innerlich verschmutzt. In der Arbeit mit anderen Menschen bekommen wir immer wieder auch die unklaren und getrübten Emotionen aus unserer Umgebung mit. Wir leiden unter emotionaler Umweltverschmutzung. Da sehnen wir uns nach der Reinigung durch die klare Quelle des Heiligen Geistes. Das ursprüngliche und unverfälschte Bild, das Gott sich von jedem von uns gemacht hat, ist getrübt durch die vielen Bilder, die andere uns übergestülpt haben. Die Erinnerung an die innere Quelle des Heiligen Geistes kann uns helfen, uns von diesen Trübungen immer wieder zu befreien, damit das ungetrübte und reine Bild Gottes in uns aufleuchtet.

Aber auch Heilung geschieht. Geistliche Begleitung ist nach meinem Verständnis und nach meiner Erfahrung genau dies: den Menschen mit seiner inneren Quelle in Berührung zu bringen. Wenn das gelingt, dann entsteht oft Heilung. Dann verlieren die seelischen Verletzungen an Macht. Das erfrischende und heilende Quellwasser durchströmt die Wunden, reinigt und heilt sie. ∾

4. JUNI

Innere Fruchtbarkeit

Die Quelle des Heiligen Geistes befruchtet. Viele machen immer wieder die schmerzliche Erfahrung: Sie erleben sich und ihr Leben wie eine unfruchtbare Wüste. Es blüht nichts auf. Alles ist leer, ausgebrannt, vertrocknet. Sie haben keine zündenden Ideen. Sie machen ihre Arbeit, aber sie sind nicht kreativ. Von ihnen geht nichts aus, was diese Welt befruchtet. Trotz aller Erfindungen und technischer Neuentwicklungen scheint unsere Zeit die innere Fruchtbarkeit verloren zu haben. Unsere Zeit bedarf der Quelle des Heiligen Geistes mehr denn je. ᘯ

5. JUNI

Göttliche Quelle in uns

Wenn wir aus der Quelle des Heiligen Geistes arbeiten, bekommt unsere Arbeit eine ganz bestimmte Ausstrahlung. Die Arbeit, die aus der Quelle des Heiligen Geistes strömt, hat etwas Leichtes an sich. Sie atmet Fantasie und Kreativität. Sie steckt an und ist fruchtbar für andere. Wir können die Wirkungen von Leichtigkeit und Lust an der Arbeit nicht selbst schaffen. Sie stellen sich ein, wenn wir in Berührung sind mit unserer inneren Quelle und sie einfließen lassen in unsere Aktivität. Und wir werden zwar müde werden, aber nicht erschöpft. Wenn wir den ganzen Tag sinnvoll gearbeitet haben, fühlen wir uns abends müde. Aber es ist eine Müdigkeit besonderer Art: In ihr fühlen wir uns wohl. Wir sind dankbar, dass wir uns für Gott und für die Menschen mit aller Kraft eingesetzt haben. ᘯ

6. JUNI

Eine Gesellschaft von Stachelschweinen

Der Philosoph Arthur Schopenhauer hat das Miteinander der Stachelschweine als Bild für menschliche Beziehungen beschrieben. Sein Bild, auf den ersten Blick recht pessimistisch, zeigt recht nüchtern die Bedingungen für gelingende Nachbarschaft auf: «Eine Gesellschaft von Stachelschweinen drängte sich an einem kalten Wintertage recht nahe zusammen, um, durch die gegenseitige Wärme, sich vor dem Erfrieren zu schützen. Jedoch bald empfanden sie die gegenseitigen Stacheln; welches sie dann wieder voneinander entfernte. Wenn nun das Bedürfnis der Erwärmung sie wieder näher zusammenbrachte, wiederholte sich jenes zweite Übel: so dass sie zwischen beiden Leiden hin- und hergeworfen wurden, bis sie eine mäßige Entfernung voneinander herausgefunden hatten, in der sie es am besten aushalten konnten!» ∾

7. JUNI

Nähe und Distanz

Der Mensch braucht beides: Nähe und Distanz. Wenn ihm innerlich kalt wird, sehnt er sich nach Nähe. Doch zu viel Nähe schafft Aggressionen. So wie die Stachelschweine ein angemessenes Verhältnis von Nähe und Distanz fanden, so ist es auch an uns, beide Pole ins Gleichgewicht zu bringen. Wenn der Nachbar distanzlos wird, geht er uns auf die Nerven. Wenn er sich einigelt, fühlen wir uns auch nicht wohl. Gute Nachbarschaft lebt von der Respektierung der eigenen und der fremden Grenzen. ∾

Der Geschmack des Paradieses

Johannes Chrysostomus war der begabteste Prediger der Ost-
kirche. Nicht umsonst erhielt er den Namen «Goldmund». Er
hat den Menschen nicht nach dem Mund geredet, sondern
die Botschaft Jesu so verkündet, dass die Menschen davon berührt wurden. Er hat den Egoismus der Reichen gegeißelt und
sich durch seine Sozialkritik unbeliebt gemacht, so dass er sein
Predigen mit der Verbannung bezahlte. Chrysostomus war
aber alles andere als ein harter Moralist. Er hatte einen Blick
für die Schönheiten des Lebens und für die Spuren des Glücks,
die aus dem Paradies in unsere Welt gerettet wurden. Es sind
die Sterne des Himmels, die unser Herz erheben, die Blumen
des Feldes, die uns erfreuen, und die Augen der Kinder, aus denen uns das Glück entgegenstrahlt. Thomas von Aquin, der –
selbst gut genährt – offensichtlich ein gutes Essen und einen
wohlschmeckenden Wein nicht verschmähte, fügte den eher
unschuldigen Dingen des Johannes Chrysostomus noch zwei
ganz irdische Dinge hinzu: Essen und Trinken – den Wein und
den Käse. Wer etwa im Tessin den selbstgemachten Käse bei
einem Schluck heimischen Rotweins bedächtig isst, der kann
Thomas von Aquin nur Recht geben. Das muss der Geschmack
des Paradieses gewesen sein, der uns da in eine andere Welt
hineinhebt! In solchen Momenten kann Ewigkeit erlebbar
werden. ∾

Wahrnehmen

Der Höhepunkt meines Erlebens ist in den Dingen, die mich umgeben: in der Wiese vor meinem Haus, in der Blume auf meinem Schreibtisch, in der Musik, die ich höre, in der Stille, die ich mir gönne. Die Schönheit ist schon vorhanden. Ich muss sie nur wahrnehmen. Wenn mir das offene Auge fehlt, werde ich die Höhepunkte nicht wirklich erleben, die mir Kataloge in den schönsten Farben schildern. Die Blume auf meinem Schreibtisch berührt mich, wenn ich sie nur intensiv genug anschaue und mich in ihr Geheimnis vertiefe. Auf dem Grund des Schauens entdecke ich den Höhepunkt unmittelbar vor meinen Augen, immer dann, wenn ich achtsam und wach bin. ᘓ

10. JUNI
Die innere Melodie

Wir sind im Einklang mit uns selbst, wenn wir nicht nach der Pfeife anderer Leute tanzen, sondern nach der inneren Melodie, die das eigene Herz in uns formt. Die Stille ist voller Klänge. Am Anfang konfrontiert uns die Stille mit dem inneren Lärm. Doch wenn wir sie aushalten und weiter in sie hineinhorchen, werden wir leise Töne hören, Töne, in denen unser Innerstes erklingt. In unserer Seele erklingt der oft unhörbare Klang des Kosmos, der göttliche Klang einer Welt, die uns oft nicht zugänglich ist. Die Stille ist die Tür, die unser inneres Ohr aufschließt, damit es den wunderbaren Klang der Seele zu hören vermag. ᘓ

11. JUNI
Warum reißen wir uns ein Bein aus?

«Wir reißen uns ein Bein aus, um schneller ans Ziel zu kommen.» Das hat der aus dem Schwarzwald stammende Verleger Frank Schwörer einmal gesagt. Dieser paradox hintersinnige Satz trifft ins Schwarze: Von Menschen, die sich anstrengen und alle Mühe geben, sagt man ja in der Tat, «sie reißen sich ein Bein aus». Mit einem Bein kann man aber nur noch humpeln. Da kommt man ganz sicher nicht schneller ans Ziel. Warum reißen wir uns dann ein Bein aus? Wir meinen: Nur wer sich Gewalt antut, wird das Ziel erreichen. Doch wer sich Gewalt antut, der mag sich vielleicht kurzfristig zu Höchstleistungen animieren. Auf Dauer wird er sich ins eigene Fleisch schneiden. ⌇

12. JUNI
Freude – eine gute Jahreszeit

Rainer Maria Rilke stellt die Freude weit über das Glück: «Glück ist Schicksal, Freude bringen Menschen in sich zum Blühen.» Das Glück – so meint Rilke – kann man nicht machen. Man kann es nur dankbar entgegennehmen. Für die Freude sind wir selbst verantwortlich. Es liegt an uns, wie wir auf die Schönheit der Welt und auf die Menschen reagieren, denen wir täglich begegnen. Ich kann mir die Freude nicht einfach befehlen. Aber wenn ich mich offen auf das einlasse, was ist, und wenn ich es mit einem staunenden Blick wahrnehme, dann wird in mir die Freude wachsen. Ich kann sie wachsen lassen durch ein achtsames Umgehen mit den Dingen. ⌇

13. JUNI

Nie zufrieden

Vielen Menschen geht es so: Wenn sie jung sind, möchten sie endlich erwachsen werden. Sie möchten mitreden und die Welt gestalten. Doch später haben sie Angst, 30 zu werden, weil sie fürchten, dass die Zeitspanne zu kurz ist, in der sie in Blüte stehen. Oder sie haben Angst, ihren 40. Geburtstag zu feiern: Denn da müssten sie endgültig Abschied nehmen von der Jugend. Noch schlimmer ist der 50. Geburtstag. Anstatt die Fülle des Lebens zu genießen, trauern sie der verlorenen Zeit nach. Solche Menschen leben nie in der Gegenwart. Sie können das Geheimnis jeder besonderen Zeit nicht genießen, weil sie immer entweder zu jung oder zu alt sind, aber nie zufrieden mit dem Alter, das sie gerade haben. ∾

14. JUNI

Gerade jetzt ...

Wer nie in im Augenblick lebt, muss irgendwann einmal bekennen, dass er nie wirklich gelebt hat. Immer war er zu jung oder zu alt. Nie war er passend. Nie hat er den Augenblick ausgekostet. Jede Zeit und jedes Alter ist gut. Aber ich darf mein Alter nicht mit anderen Zeiten vergleichen. Wenn ich ganz im Augenblick lebe, dann geht mir das Geheimnis gerade meines jetzigen Alters auf. Und ich erkenne die Chance, gerade jetzt gegenwärtig zu sein und zu leben. ∾

15. JUNI

Bewegungen der Leichtigkeit

Die Schweizer Tiefenpsychologin Verena Kast hat ein Buch über die Freude geschrieben. Vor ihr hat sich kaum ein Psychologe einmal an dieses Thema gewagt. Doch heute wissen wir, wie heilsam die Freude für den Menschen ist, welch therapeutische Kraft sie hat. Verena Kast beschreibt die Wirkung der Freude als Erfahrung von Einssein und Ganzsein, von Freiheit und Vitalität: «Das Gefühl des Einsseins mit sich selbst und das Gefühl des Ganzseins, das so sehr von uns Menschen gesucht wird, ist im Moment der Freude vorhanden. Das gibt uns auch ein Gefühl von Vitalität, vielleicht sogar von Freiheit. Alle Bewegungen, die mit der Freude verbunden sind, sogar mit einer stillen Freude, sind Bewegungen in die Höhe, Bewegungen der Leichtigkeit.» ∾

16. JUNI

Freudenbiographie

Ich habe es in der Hand, mit der Freude in Berührung zu kommen, die immer schon auf dem Grund meines Herzens in mir bereitliegt. Jeder kennt in seiner Kindheit Erfahrungen spontaner Freude. Verena Kast regt an, eine Freudenbiographie zu schreiben, all die Erfahrungen von Freude festzuhalten, die einem einfallen, und die Bilder aus der Kindheit daraufhin anzuschauen, inwieweit sie Freude widerspiegeln. Das Wahrnehmen der Freude, die ich als Kind hatte, wartet auf dem Grund meiner Seele nur darauf, wieder hervorgelockt zu werden. ∾

17. JUNI

Achtsam auf meine Reaktionen

Manche haben so hohe Erwartungen an das Glück, dass sie es nie erreichen. Theodor Fontane zeigt einen anderen Weg zum Glück: «Wenn einem die 720 Minuten eines 12-stündigen Tages ohne besonderen Ärger vergehen, so lässt sich von einem glücklichen Tag sprechen.» Es ist schon viel, wenn der Tag ohne Ärger vorübergeht. Wir haben es nicht in der Hand, was uns in den 720 Minuten des Tages begegnet, ob uns ein Nachbar beschimpft, ob in der Arbeit etwas schief läuft, ob uns das Wetter einen Strich durch die Rechnung macht oder sonst ein Missgeschick widerfährt. Wir sollten dankbar sein, wenn der Tag keinen Anlass zum Ärger bietet. Aber wir sind dem Tag und seinen Widerfahrnissen nicht einfach ausgeliefert. Es liegt auch an uns, wie wir auf das Geschehen des Tages reagieren. ☙

18. JUNI

Innere Heiterkeit

Wir können uns ärgern über die Schimpfworte des Nachbarn. Oder wir können sie bei ihm selber lassen, weil er mit seinem Schimpfen nur seine unzufriedene Seele offenbart. Ob wir uns von seiner kranken Seele anstecken lassen oder aber uns abgrenzen und schützen, das ist in unserer Hand. Insofern sind wir für den Tag ohne Ärger selber verantwortlich. Es ist ein glücklicher Tag, wenn es uns gelingt, auf das, was uns von außen widerfährt, nicht ärgerlich oder depressiv zu reagieren, sondern mit innerer Heiterkeit. ☙

19. JUNI

Aequo animo

Die stoische Philosophie des antiken Griechenland spricht von
«aequo animo», vom inneren Gleichmut. Der heilige Benedikt
fordert diese Tugend gerade vom Cellerar, der ja als wirtschaft-
licher Verwalter einer Mönchsabtei auch mit Konflikten im
Kloster zu tun hat. Gerade er soll sich nicht von den Reibereien
der Mitbrüder und Mitarbeiter infizieren lassen, sondern mit
Gleichmut und innerem Frieden reagieren. Dann wird er auch
die ärgerliche Atmosphäre um sich herum läutern und Frieden
verbreiten. Eine erprobte alte Regel. Wir alle könnten von ihr
lernen. ❧

20. JUNI

Beim inneren Frieden fängt alles an

Es genügt heute nicht, nur im kleinen Kreis Frieden zu stiften.
Der Friede will sich auf der ganzen Erde ausbreiten. Und so soll
auch unser Friedenschaffen immer die ganze Erde berücksichtigen. Wir sollen so wirken, dass sich der Friede immer mehr
auf der ganzen Erde ausbreitet. Das beginnt mit unseren Gedanken. Sind es wirklich Gedanken des Friedens oder mehr
Gedanken der Macht? Unsere Gedanken drücken sich in unseren Worten aus. Wir können noch so sehr bewusst Frieden
stiften wollen, wenn unsere Sprache verurteilend und ver-
achtend ist, so werden wir nur Spaltung erzeugen. Wer in sich
gespalten ist, um den herum spalten sich auch die Menschen.
Daher braucht es immer den inneren Frieden, damit von uns
Versöhnung ausgeht. ❧

21. JUNI

99 Gründe für die Freude

Der Islam kennt 99 Gottesnamen. Der 100. Name für Allah ist ein Geheimnis, das wir Menschen nicht zu lösen vermögen. Martin Walser, Schriftsteller und Dichter, bezieht sich auf die 99 Gottesnamen, wenn er in einem kurzen Text vom 99. Grund zur Freude spricht. Freude ist für Martin Walser etwas Göttliches. Und wie es 99 Namen für Gott gibt, so gibt es 99 Gründe für die Freude. In der Freude haben wir teil an Gott. Der 99. Grund zu Freude ist für Martin Walser: «Dass mehr wird, was ich mit anderen teile. Dass mich, was ich allein habe, nicht freut. Der Mund des Gastes macht den Wein gut.» ☙

22. JUNI

Wertvolles mit andern teilen

Das Wunderbare ist: Wer das, was ihm wertvoll ist, mit anderen teilt, wird nicht ärmer, sondern reicher. Es ist wie bei der Brotvermehrung, die in der Bibel erzählt wird. Das Brot, das die Jünger Jesu verteilen, wird immer mehr. Es nimmt gar nicht ab. Wenn ich etwas für mich allein behalten will, kann ich mich nicht daran freuen. Ich verbrauche viel Energie, um etwas Kostbares für mich zu behalten, sei es Besitz, sei es Wissen, sei es ein schönes Bild. Ich kann mich freuen, wenn ich das Bild allein anschaue. Aber wenn ich das Bild den Blicken der anderen entziehen muss, damit ich es für mich allein habe, ist das mit seelischen Kosten verbunden. Wahre Freude will mitgeteilt werden. Das vermehrt sie. ☙

23. JUNI
Leben – ein kleiner Besuch

«Beeil dich nicht. Bekümmere dich nicht. Du bist hier nur für einen kleinen Besuch. So mach auf jeden Fall halt und riech an den Blumen» (Walter Hagen). Unsere Zeit ist begrenzt, so wie wenn wir liebe Freunde besuchen. Bei einem Besuch geht es darum, sich Zeit zu lassen und die kurze Zeit zu genießen. Der Hinweis auf die Blumen kann als ganz konkreter Tipp für ein gelingendes Gast-Sein gelesen werden: Anstatt in die Geheimnisse der Familie einzudringen, bei der wir zu Besuch sind, sollten wir uns lieber den Blumen zuwenden und uns an ihrem Duft erfreuen. Das wird den Besuch erfreulicher gestalten, als wenn wir – zum Beispiel – die Probleme der Gastfamilie lösen möchten. Und auch für unser ganzes Leben gilt: Es lädt uns ein, es bewusst wahrzunehmen und das Schöne, das wir in dieser kurzen Zeit erleben, auch in aller Ruhe in uns eindringen zu lassen – so wie den Duft von Blumen. ༄

24. JUNI
Der Weg in den Alltag

Der Weg der Spiritualität muss in den Alltag führen. Er besteht darin, einfach zu tun, was «dran ist», was ich dem Augenblick schuldig bin, was ich mir und meinem Wesen schuldig bin, was ich dem andern schulde und was ich Gott schulde. Für Benedikt entscheidet sich Spiritualität nicht in frommen Gefühlen, sondern in der Bereitschaft, mich auf die Arbeit einzulassen, auf die konkrete Gemeinschaft, auf die Tagesordnung und auf das gemeinsame Gebet. ༄

25. JUNI

Erster und letzter Tag

Die christliche Tradition des «memento mori» («Denke, dass du sterben musst») empfiehlt uns die Vorstellung, dass jeder Tag der letzte sein könnte. Ein griechisches Sprichwort gibt einen anderen Rat: «Beginne jeden Tag, als wäre es der erste. Beschließe jeden Tag, als wäre es der letzte.» Zu Beginn des Tages sollen wir uns vorstellen, es wäre der erste Tag überhaupt, den wir leben. Natürlich wissen wir, dass es nicht der erste Tag ist. Aber wenn ich den Beginn des Tages bewusst so setze, als wäre es der erste Tag meines bewussten und wachen Lebens, dann werde ich achtsam und zugleich neugierig in den Tag hineingehen. ∾

26. JUNI

Beginne, als wäre es der erste Tag ...

... alles wäre anders: Ich würde an meine Arbeit mit Neugier gehen. Ich würde mich freuen, Dinge so zu tun, als ob ich sie das erste Mal täte. Ich hätte keine Angst, dass ich die Arbeit nicht zustande brächte. Vielmehr würde ich ausprobieren, wie ich sie geschickt und mit Lust vollziehen könnte. Und ich würde die Schöpfung um mich mit neuen Augen ansehen. Ich würde manche Schönheit darin entdecken, die ich bisher übersehen habe. Ich würde die Menschen anschauen, als ob ich sie zum ersten Mal sähe. Vorurteile würden wegfallen. Was ich bisher über diesen Menschen gedacht habe, ist nicht wichtig. Alle Schubladen, in die ich Menschen gesteckt habe, lösten sich in nichts auf. ∾

27. JUNI
Beschließe, als wäre es der letzte Tag ...

Beim Beschließen des Tages stelle ich mir vor, es wäre der letzte Tag. Das heißt für mich: Ich beende diesen Tag, als ob es das Ende meines Lebens wäre. Ich lege alles in Gottes gute Hand, diesen Tag, mich selbst, alle Menschen, die mir lieb sind, und mein ganzes Leben. Solcher Beschluss des Tages ermöglicht mir gleichzeitig einen neuen Anfang. Und er gibt mir das Gespür, dass ich immer wieder alles loslassen sollte, um mich in Gottes gute Hände zu ergeben. Die Nacht erinnert mich an den Schlaf des Todes. Und jeden Morgen erfahre ich die Auferstehung zu neuem Leben, das Gott mir ermöglicht. ∾

28. JUNI
Für sich selbst sorgen

«Nur sämtliche Menschen leben das Menschliche», hat Goethe in einem Brief an Schiller einmal gesagt. Das klingt wie eine Selbstverständlichkeit und ist es doch nicht. Oft meinen wir, gutes Handeln beziehe sich nur auf andere. Gut mit sich selbst umzugehen, das klingt für manche Christen wie eine Anleihe aus der Esoterik. Andere meinen, hier werde ein weichgespültes Christentum verkündet. Doch das stimmt nicht. Es wäre falsch zu glauben, im Christentum sei nur von Nächstenliebe die Rede. Wir dürften nur für die anderen sorgen und nicht für uns selbst. Barmherzig ist, wer ein Herz hat für die Unglücklichen und Armen. Aber zuvor muss er ein Herz für das Arme und Unglückliche in sich selber haben. ∾

Wunder eines Lächelns

«Lächeln ist die kürzeste Entfernung zwischen Menschen», sagt Victor Borge. Ein Lächeln bringt Menschen einander näher, die sich vorher noch fremd waren. Wenn ich in ein Geschäft komme und die Verkäuferin mich anlächelt, dann entsteht mitten in der Anonymität der Geschäftswelt eine Beziehung auf der menschlichen Ebene. Die Entfremdung ist aufgehoben. Die Distanz ist überbrückt. Natürlich gibt es auch das künstliche Lächeln, das ein Unternehmensberater eintrainiert hat. Doch dieses künstliche Lächeln schafft keine Beziehung. Es bleibt bei dem, der es praktiziert. Ein Kunde kann sehr gut unterscheiden, ob das Lächeln ihm gilt und ihn willkommen heißt, oder ob es nur freundliche Fassade zum Zweck des Kaufanreizes ist. Es gibt ein Lächeln, mit dem ich mir den anderen vom Leib halte, eine kalte Freundlichkeit, die dem anderen signalisiert: Komm mir nicht zu nahe. Ein Lächeln, das von Herzen kommt, schafft sofort Nähe und Einverständnis. Es lädt ein, sich dem andern zu öffnen. Ich fühle mich verstanden und angenommen, ernst genommen. Ich darf sagen, was ich denke. Ich werde nicht beurteilt. Und ein solches Lächeln lädt zum Gespräch ein. Ich bekomme Lust, den andern anzusprechen, mit ihm in Austausch zu kommen. ∾

Eine folgenreiche Geste

Mir erzählte ein Mann, den ich begleitet habe, wie gut es ihm getan hat, mit der Verkäuferin in einem kleinen Geschäft ins Gespräch gekommen zu sein. Da war sofort Nähe und Vertrautheit da, aber zugleich Freiheit. Keiner wollte den anderen für sich vereinnahmen. Der Mann hat sich einfach wohlgefühlt. Das war auf dem Hintergrund seiner negativen Erfahrungen in Beziehungen für ihn wie ein Signal, dass er doch nicht so unmöglich ist, wie er es sich selbst oft eingeredet hatte.

Er bekam durch eine solche kleine und folgenreiche Geste wieder Mut, auf Menschen zuzugehen und sich an freundlichen Blicken und an einem Lächeln zu erfreuen. ∾

JULI

Im Garten der Engel

Eine Blume des Himmels

«Wir nannten die Erde eine der Blumen des Himmels, und den Himmel nannten wir den unendlichen Garten des Lebens» (Friedrich Hölderlin). Schönheit und Schmerz gehen hier zusammen. Die Erde ist eine Blume, die die Schönheit des Himmels in sich trägt, die den Himmel über uns öffnet: Wenn ich dieses Wort in mein Herz fallen lasse, dann verändert es meine Augen. Ich werde mit einem anderen Blick auf diese Erde schauen. Ich werde nicht fixiert sein auf die Verwüstung und Zerstörung, die Menschen dieser Erde angetan haben. Ich muss dies alles nicht leugnen oder verdrängen, und ich sehe trotz allem, wie die Blume die harte Erde durchbricht, wie sie wächst, wie sie Knospen treibt und schließlich die Blüte aufgehen lässt. ❧

2. JULI

Garten des Lebens

Wenn der Himmel für Hölderlin der «unendliche Garten des Lebens» ist, klingen biblische Bilder an. Die Schöpfungsgeschichte spricht vom Garten des Paradieses, in dem der Mensch im Einklang war mit sich und Gott und mit der ganzen Schöpfung, wo er glücklich und zufrieden war Das Hohe Lied spricht vom Garten der Liebe, in dem sich Braut und Bräutigam treffen, um die Liebe miteinander zu genießen. ❧

3. JULI

Garten der Auferstehung

Der schönste Garten, von dem die Bibel spricht, ist für mich der Garten der Auferstehung. In ihm begegnet Maria von Magdala dem Auferstandenen und erfährt eine Liebe, die stärker ist als der Tod. Wenn Hölderlin den Himmel den «unendlichen Garten des Lebens» nennt, dann klingt in seinen Worten etwas wieder vom Garten der Auferstehung, der den begrenzten Garten des Paradieses entgrenzt und uns den unendlichen Garten des Lebens öffnet, den Gott uns geschenkt hat, damit wir ohne Ende uns an seiner Schönheit erfreuen. ∽

4. JULI

Input – output

Ich kenne Menschen, die immer nur nach dem suchen, was ihnen selber weiterhilft, was ihnen etwas «bringt». Sie machen aus diesem Antrieb heraus zum Beispiel ständig neue Fortbildungen und zusätzliche Ausbildungen. Aber manchmal habe ich den Eindruck, dass all diese Aktivitäten nur Ersatzfunktion haben. In der Betriebswirtschaft spricht man von Input und Output. Manche verschlucken sich vor lauter Input. Sie nehmen immer mehr in sich auf, aber es kommt nichts dabei «heraus». Es fließt nichts weiter. Gib also weiter, was du hast. Bring deine Fähigkeit auch nach außen. Vertraue deiner eigenen Kompetenz, entdecke deine eigenen Möglichkeiten und lass auch andere daran teilhaben. ∽

Der Vogel hat ein Lied ...

Es gibt ein chinesisches Sprichwort, das heißt: «Ein Vogel singt nicht, weil er die Antwort weiß – er singt, weil er ein Lied hat.» Eine wunderschöne Weisheit ist hier ausgedrückt. Der Vogel singt, weil er in sich ein Lied hat, das nach außen drängt. Nicht, um irgendjemandem eine Antwort zu geben. Nicht, weil er die Antwort auf die großen Fragen der Zeit hat. Er singt, weil er Lust am Singen hat.

Es gibt Dichter, die mit ihren Gedichten eine Antwort auf die tiefsten Fragen der menschlichen Seele zu geben suchen. Doch andere Dichter schreiben aus lauter Freude an der Sprache. Sie spielen mit der Sprache. Sie drücken das innere Lied aus, das in ihnen erklingt, ohne sich den Kopf zu zerbrechen, ob ihre Worte irgendeinem Menschen eine Antwort auf seine Fragen geben. «Antwort» heißt eigentlich: Worte sagen, angesichts eines anderen, gegenüber einem anderen. In der Antwort sind wir immer auf einen anderen bezogen. Wir sagen dem anderen etwas. Oft genug stehen wir unter Druck, wenn wir dem anderen etwas sagen wollen. Wir möchten ihm das Richtige sagen, etwas, das vor ihm bestehen kann.

Der Vogel, der singt, ist frei von solchem Druck. Er denkt nicht an die anderen, denen er vorsingt, und er singt nicht deshalb, weil er gut singen möchte. Er singt, weil das Lied in ihm ist und nach außen drängt. Das Singen ist Ausdruck seiner inneren Freude. Und gerade weil sein Singen so zweckfrei ist, macht es uns Freude. ∾

6. JULI
Ein unbesiegbarer Sommer

«Tief im Winter lernte ich endlich, dass in mir ein unbesiegbarer Sommer lag» (Albert Camus). Wenn der Winter uns mit klirrender Kälte umgibt, sehnen wir uns nach der Wärme des Sommers. Der französische Dichter und Philosoph Albert Camus hat die Erfahrung des Sommers mitten im Winter gemacht in sich. Und dieser Sommer konnte aus seinem Herzen durch keine Kälte vertrieben werden. Die Erfahrung von Albert Camus, der die Absurdität des Lebens kannte, aber an ihr nicht verzweifelt ist, möchte auch uns ermutigen, mitten in der Kälte unseres Herzens die unbesiegbare Wärme der Sonne zu sehen. Auch wenn wir uns leer fühlen, ist in uns die Gewissheit, dass es in uns wieder aufblühen wird. Wir sehnen uns nicht nur nach dem Sommer. Er ist immer in uns. Und er ist unbezwingbar. In der Natur wird er mit Sicherheit wieder kommen. Er ist so im Rhythmus der Natur verankert, dass er sich durch keinen Winter vertreiben lässt. Genauso ist er auch in unserer Seele verankert. Und keine Depression, keine Enttäuschung, kein Nebel und keine Kälte können ihn aus der Seele reißen. Im Winter spüren wir den Sommer nicht. Aber zu wissen, dass er in uns ist, und zwar als unbesiegbarer, das entmachtet den Winter. Das lockert den Griff jeder Kälte, die ihre Finger nach uns ausstreckt. ∾

Worte, die das Herz berühren

Als Seelsorger versuche ich, auf die Sehnsucht der Menschen zu antworten, indem ich zuerst einmal die eigene Sehnsucht wahrnehme und mich frage: Was erfüllt denn meine Sehnsucht? Welche Antwort kann ich mir selbst auf meine Fragen geben? Befriedigt mich diese Antwort wirklich, oder ist sie nur ausgedacht? Klingt sie nur schön, hilft mir aber nicht wirklich weiter?

Und dann versuche ich, mich in die anderen hineinzufühlen. Ich beobachte, höre hin, was sie mir erzählen. Ich versuche, die Sehnsucht hinter ihren Worten zu erspüren. Und dann stelle ich mir vor, wie ich diesem Menschen so antworten kann, dass er es annehmen und davon leben kann.

Dabei spüre ich immer auch meine Begrenztheit. Ich habe nie das Gefühl, die letztlich treffende Antwort gefunden zu haben. Es ist ein ständiges Ringen um die Worte, die das Herz berühren. ∾

8. JULI

Energiekiller

Alles, was wir verdrängt haben, womit wir keinen Frieden in uns geschlossen haben, hindert uns am Leben und kostet sehr viel innere Kraft. In Gesprächen mit ausgebrannten Menschen wird mir meist sehr schnell deutlich, dass ihre Erschöpfung nicht in der Menge der Arbeit oder in der Art der Arbeit liegen kann, auch nicht an den Erwartungen, die von außen auf sie einströmen, nicht einmal an den äußeren Umständen ihres Lebens. Meist ist es der Unfrieden, den sie in sich spüren.

Sie hängen lieber ihren Illusionen nach, und leben in der Fantasie, wie ihr Leben sein sollte. Genau dieser Zwiespalt zwischen ihren Illusionen und ihrer Realität raubt ihnen dann jede Energie. ⟶

9. JULI

Engel der Wahrhaftigkeit

Ein wahrhaftiger Mensch zwingt uns, uns der Wahrheit des eigenen Herzens zu stellen. In der Nähe eines wahrhaftigen Menschen können wir uns nicht verstecken. Aber wir brauchen uns auch nicht mehr zu verstecken, wir finden den Mut, unsere eigene Wahrheit zu zeigen.

Wenn Jesus gesprochen hat, dann konnten sich die unreinen Geister, die trüben Gedanken, die den Geist des Menschen trüben, ihn mit giftigen Gefühlen verunreinigen, nicht verstecken. Die Wahrhaftigkeit Jesu befreit die Menschen von unreinen Geistern, die die Wahrheit verstellen und verfälschen. Sie werden geheilt, sie werden zu echten, wahrhaftigen Menschen.

Ich wünsche dir den Engel der Wahrhaftigkeit, damit du ganz so sein kannst, wie du im Grunde deines Wesens bist, dass du die Menschen um dich herum zur Wahrheit befreien kannst. Wahrheit heißt auch: Übereinstimmung von Gegenstand und Erkenntnis, von Sache und Vernunft. Ich wünsche dir, dass du ganz und gar übereinstimmst mit dir und der Wirklichkeit deines Lebens. ⟶

10. JULI

Wie es stimmt und stimmig ist

Der gerechte Mensch schafft um sich Klarheit. Er hat es nicht
nötig, zu taktieren und sich durch die verschiedensten Mei-
nungen durchzulavieren. Diese innere Klarheit spart Energie.
Wir erleben gerechte Menschen als Segen für eine Gemeinschaft. Sie haben einen Sinn für das Richtige. Wir können uns
an ihnen orientieren. Der gerechte Mensch wird den Menschen
und der Wirklichkeit gerecht. Er verbraucht seine Energie nicht
damit, gegen die Realität anzukämpfen. Er ordnet alles so, wie
es «stimmt» und stimmig ist. Wer jedem das Seine zuteilt, ist
frei von Intrigenkämpfen, die in vielen Gruppen und Staaten
so viel Energie verschlingen. ᴄᴡ

11. JULI

Ganz im Augenblick

Wenn ich ganz im Augenblick bin, dann erlebe ich die Zeit nie
als eng und begrenzt. Ich bin jetzt in diesem Augenblick. Und
dieser Augenblick ist mir geschenkt. Ich schaue nicht auf die
Uhr, um die Tätigkeit in möglichst schneller Zeit hinter mich
zu bringen. Manche meinen, wir bräuchten den zeitlichen
Druck, um effektiv zu arbeiten. Doch wenn ich frei bin für diesen Augenblick, wird die Arbeit einfach aus mir herausfließen.
Diese innere Freiheit lässt mich effektiver arbeiten, als wenn
ich ständig auf die Uhr sehe und alles möglichst schnell zu erledigen suche. Ganz im Augenblick leben – das ist eine wichtige Voraussetzung fürs Glück. ᴄᴡ

12. JULI
Ein neuer Lebensstil

Menschen, die sich lieben, sagen manchmal zueinander: «Du bist für mich ein Engel der Zärtlichkeit.» Sie drücken damit aus, wie gut es ihnen tut, dass der andere so zärtlich zu ihnen ist, dass er sie nicht behandelt wie einen Besitz, sondern wie einen kostbaren Schatz, dem man sich nur behutsam nahen darf. Aber Zärtlichkeit ist nicht nur die Weise, wie zwei Verliebte miteinander umgehen, sondern sie ist heute zu einer modernen Tugend geworden. Inmitten einer Welt, in der die Gewalt vorherrscht, sehnen sich junge Menschen nach einem anderen Beziehungsmodell, nach einer Atmosphäre der Zärtlichkeit. Es entsteht eine eigene Kultur der Zärtlichkeit, ein eigener Lebensstil der Zärtlichkeit. ❧

13. JULI
Die Kunst der Zärtlichkeit

Zärtlichkeit ist die Kunst, mit Menschen, mit der Natur und mit den Dingen zärtlich umzugehen. Auch wenn der Begriff der Zärtlichkeit typisch modern ist, so begegnet uns das Phänomen der Zärtlichkeit in allen Zeiten. Die Bibel ist voll von zärtlichen Begegnungen. Der Titusbrief sagt uns, dass uns in Jesus Christus die Zärtlichkeit Gottes (die *charis*, die Gnade, Zärtlichkeit) erschienen ist (Titus 3,4). Der Dichter Heinrich Böll hat vor seinem Tod eine eigene Theologie der Zärtlichkeit eingefordert. Und er selber hat im Neuen Testament eine Theologie der Zärtlichkeit gefunden, «die immer heilt». ❧

Meine Entscheidung

Positive Ausstrahlung kann immer, auch unter schwierigen Voraussetzungen, gelingen. Eine depressive Frau meinte einmal im Gespräch mit mir ganz resigniert, sie könne nichts ausstrahlen. Sie habe an ihrer Depression genug zu leiden.

Ich versuchte, ihr eine andere Perspektive zu vermitteln: Niemand erwartet von ihr, dass sie Fröhlichkeit oder Optimismus ausstrahlt. Aber es ist ihre Entscheidung, ob sie sich mit ihrer Depression versöhnt. Denn wenn sie sich mit ihrem Leiden versöhnt, wird sie trotz einer oft niederdrückenden Stimmung etwas von Hoffnung und Tiefe ausstrahlen. Man spürt ihr dann an, dass das Leben nicht so einfach ist, dass es wahrlich eine unergründliche Tiefe hat.

In der Begegnung mit einem solchen Menschen erahnen wir etwas vom Geheimnis des Menschseins und von den Abgründen der Seele. Natürlich kann diese Frau die anderen für ihre Depression verantwortlich machen, weil sie sie nicht verstehen oder sie nicht besuchen. Doch dann würde sie Bitterkeit ausstrahlen und für alle zum lebenden Vorwurf werden. Sie hat die Alternative. Die Entscheidung liegt in ihrer Hand. ༄

15. JULI

Damit dein Leben stimmig wird

Dein Engel, der dich begleitet, will in dir zur Stimme werden, damit durch dich ein Wort in dieser Welt vernehmbar wird, das Gott nur in dir aussprechen kann. In dem vielstimmigen Chor dieser Welt darf deine Stimme nicht fehlen. Sonst wäre die Welt ärmer. Dein Engel der Selbstbestimmung möge dich bei allem, was du tust, begleiten, damit du sensibel dafür wirst, wo andere über dich bestimmen und die Stimme deines Herzens immer mehr verstummen lassen. Und er möge dich immer wieder herausfordern, selbst über dich zu bestimmen, dein eigenes Leben zu leben, so wie Gott es dir zugedacht hat. Der Engel stehe dir zur Seite, damit du selbst bestimmst, was für dich stimmt, damit dein Leben «stimmig» wird. ❧

16. JULI

Ein Engel begleitet uns

Engel führen uns ein in die Tugenden, die unsere Seele braucht, um tauglich zu sein für die Aufgabe, unser Personsein authentisch darzustellen. Das meint ja das Wort «Tugend», dass wir als Mensch tauglich sind, dass wir eine Tüchtigkeit als Mensch entwickeln, dass wir die Kräfte, die in uns sind, auch entfalten. Die Tugenden ermöglichen es uns, in dieser Welt tüchtig zu sein. Sie befähigen uns, die Aufgaben in der Welt zu erfüllen. Ein Engel begleitet uns und weist uns ein in die Kunst des Lebens, in Haltungen, die unser Menschsein entfalten. ❧

Fließgleichgewicht

Der Schweizer Psychologe C. G. Jung spricht davon, dass jeder Mensch in sich immer zwei Pole hat: den Pol des Verstandes und des Gefühls, der Liebe und der Aggression, des Bewussten und des Unbewussten, des Männlichen und des Weiblichen. Die Kunst der Menschwerdung besteht darin, diese beiden Pole gleichermaßen zu berücksichtigen. Dabei geschieht es meistens so, dass der Mensch in der ersten Lebenshälfte nur einen Pol bewusst lebt. Dann gelangt der andere Pol ins Unbewusste. Jung spricht hier vom Schatten. Im Schatten haust alles, was wir vom Leben ausgeschlossen haben. Solange es aber im Schatten bleibt, wirkt es sich oft destruktiv auf unsere Seele aus. Das verdrängte Gefühl zeigt sich in Sentimentalität, in der wir von den Gefühlen überschwemmt werden und nicht mehr angemessen damit umgehen können. Die verdrängte Aggression äußert sich in harten Urteilen über andere oder aber in depressiven Stimmungen. Oft schlummert sie hinter einer freundlichen Fassade. Aber man merkt hinter dieser Freundlichkeit die aggressiven Pfeile, die von diesem Menschen ausgehen. Zum Weg der Selbstwerdung gehören die Annahme des Schattens und seine Integration. Wir müssen Bewusstes und Unbewusstes ins Gleichgewicht bringen. Dieses Gleichgewicht ist jedoch nicht etwas Statisches. Psychologen sprechen vielmehr vom «Fließgleichgewicht». Wir müssen dieses lebendige Gleichgewicht immer neu finden. ∾

Engel des Vertrauens

Seit je haben die Menschen darauf vertraut, dass ein Schutzengel sie begleitet. Diesen Schutzengel haben sie nicht nur
bei Gefahren im Straßenverkehr angerufen, sondern immer
auch dann, wenn sie Angst hatten, wenn sie im Zweifel waren, ob sie diesem oder jenem vertrauen sollten. Ich wünsche
dir, dass du dich immer vom Engel des Vertrauens umgeben
weißt. Dann musst du nicht hundertprozentig genau wissen,
ob du diesem Menschen gerade vertrauen kannst oder nicht.
Du fällst nicht aus dem Vertrauen heraus, selbst wenn jemand
dich enttäuscht. Der Engel des Vertrauens wird dich weiter-
hin begleiten und dir immer wieder Mut machen, dir selbst zu
trauen und das Vertrauen auf Menschen zu wagen. ∾

Auf einmal ist alles klar

Du kennst sicher die Erfahrung, dass dir auf einmal klar geworden ist, was du tun sollst, was deine persönliche Berufung
ist, wie dein Weg weitergehen sollte. Da hat dich der Engel der
Klarheit besucht und dir die Augen geöffnet für das Eigentliche. – Oder du bist vor einer Entscheidung gestanden, hast
nicht gewusst, wie du dich entscheiden solltest. Und auf einmal war es dir ganz klar. Da hat der Engel in deinem zwiespäl-
tigen Herzen Klarheit geschaffen. ∾

20. JULI
Alles in dir hat Sinn

Viele meinen, sie müssten sich ändern. Doch im Ändern steckt oft viel Härte und Ablehnung gegen sich selbst: «Ich muss mich ändern. Denn so, wie ich bin, bin ich nicht gut. Ich muss endlich meine Fehler loswerden, meine Empfindlichkeit, meine Angst, meinen Jähzorn.» In solchem Verändern steckt die Sicht, dass all meine Fehler und Schwächen schlecht sind. Der Engel der Verwandlung möchte dir vermitteln, dass alles in dir gut ist, dass alles in dir sein darf. Aber es bedarf auch der Verwandlung. Deine Angst ist gut. Sie zeigt dir, dass du eine falsche Grundannahme für dein Leben hast. Vielleicht meinst du, du dürftest keine Fehler machen. Dann zeigt dir deine Angst, dass du dir mit so einer Lebenseinstellung selbst schadest. ∾

21. JULI
Nicht ohne Verzeihen

Es gibt kein menschliches Zusammenleben ohne Verzeihung. Denn ob wir wollen oder nicht, immer wieder werden wir einander verletzen. Wenn wir die Verletzungen einander aufrechnen, gibt es einen Teufelskreis der Kränkung. Wenn wir sie überspringen, werden sie in uns Bitterkeit und Aggression erzeugen. Irgendwann werden wir es dem andern heimzahlen. Der Engel des Verzeihens unterbricht den Teufelskreis. Er reinigt die Atmosphäre und ermöglicht uns, die wir verletzt sind und immer wieder verletzen, ein menschliches Miteinander. ∾

22. JULI

Vergeben zur rechten Zeit

Es braucht oft lange, bis wir wirklich vergeben können. Wir sollen da unsere Gefühle nicht überspringen. Wenn dich dein Vater immer wieder verletzt hat, dann brauchst du zuerst die Wut, um dich von ihm distanzieren zu können. Und vielleicht muss die Wut erst noch stärker werden, dass er dich nicht mehr erreichen kann mit seiner Entwertung, mit seinem autoritären Nörgeln. Solange das Messer, das dich verletzt hat, noch in dir steckt, kannst du nicht vergeben. Denn dann würdest du dich damit nur noch mehr verletzen. Du musst den andern erst aus dir herauswerfen. Dann kannst du wirklich vergeben. Irgendwann ist Vergebung aber wirklich dran. Viele Menschen kommen nie los von denen, die sie verletzt haben, weil sie nie vergeben haben. Vergebung heilt deine Wunden. 👄

23. JULI

Dankbar auch für Wunden

Danken kommt von denken. Wenn du zu denken anfängst, kannst du dankbar erkennen, was dir in deinem Leben alles gegeben wurde. Du wirst nicht nur dankbar sein für die positiven Wurzeln, die du in deinen Eltern hast, sondern auch für die Wunden und Verletzungen, die du von ihnen bekommen hast. Ohne Wunden wärst du vielleicht satt und unempfindlich geworden. Der Engel der Dankbarkeit möchte dir die Augen dafür öffnen, dass dich ein Schutzengel vor manchem Unglück bewahrt hat, dass dein Schutzengel auch die Verletzungen in einen kostbaren Schatz verwandelt hat. 👄

24. JULI

Christophorus

Jeden Tag kommt etwas auf uns zu, was uns herausfordert;
jeden Tag müssen wir Schwellen überschreiten. Am 24. Juli
feiert die katholische Kirche den heiligen Christophorus: Er ist
der starke und große Mann, der das Kind – und in ihm Christus selbst – durch die reißenden Fluten des Flusses trägt. Im
Mittelalter wurde seine Figur groß an die Eingangswand der
Kirchen gemalt. Er war der Schwellenheilige. Bevor man aus
dem heiligen Raum der Kirche in die Welt ging, sollte man auf
ihn schauen, um die innere Kraft nicht zu verlieren, die man
in der Begegnung mit dem Heiligen in sich aufgenommen hatte. Man kann nie wissen, was einen jenseits der Schwelle erwartet. ❧

25. JULI

Die Melodie meines Herzens

Seit je haben die Weisen den Wert der Freundschaft gepriesen und in immer neuen Bildern das Geheimnis des Freundes
ausgedrückt: «Ein Freund, das ist jemand, der auf die Melodie
deines Herzens hört – und sie dir wieder vorsingt, wenn du
sie einmal vergessen hast.» Dass der Freund auf die Melodie
meines Herzens hört – das ist für mich ein wunderbares Bild.
Der Freund hört genau hin, was mich im Innersten bewegt.
Er hört, was die Grundmelodie meines Lebens ist, wo und wie
mein Leben zum Schwingen kommt. Wenn ich die Melodie
vergessen habe, weil ich mich durch die Anforderungen des
Alltags von mir selbst entfernt habe, «singt er mir diese Melodie vor». ❧

26. JULI

Einfach nur zuschauen

Stelle dir vor: Du gehst zur Arbeit, du bist engagiert bei einem wichtigen Projekt in deiner Firma. Du arbeitest in der politischen Gemeinde oder in der Pfarrgemeinde mit und übernimmst Verantwortung. Aber bei allem, was du tust, stell dir auch vor: In mir gibt es etwas, was von dieser Arbeit nicht berührt wird. Manchmal schaue ich den Dingen, die auf mich zukommen, zu – wie in einem Theater. Ich bin wie ein Regisseur, der das Spiel laufen lässt und nur dort eingreift, wo es in die falsche Richtung geht. Vielleicht denkst du, das wäre verantwortungslos. Aber ich erlebe diese Art als energiesparend. Ich lasse mir die Energie nicht von den Konflikten rauben. Ich bin außerhalb der Konflikte. So kann ich gut und mit innerer Freiheit darauf reagieren. ◦◦

27. JULI

Wenn Arbeit Freude macht

Es macht Freude, jemandem zuzusehen, dem die Arbeit leicht von der Hand geht. Wenn jedoch einer mit innerem Widerstand arbeitet, wird ihm jeder Handgriff zu viel. In seiner Nähe bekommt man die Unzufriedenheit und Aggressivität mit. Von einer Arbeit, die einer gerne tut, geht dagegen Lust aus. Da werden auch andere angesteckt, sich auf die Arbeit einzulassen. Es entsteht ein Klima von Freude am Arbeiten, am Miteinander, an dem gemeinsamen Erfolg. So ein Klima tut jedem Menschen gut. Und es trägt wesentlich zu seinem seelischen Wohlbefinden bei. ◦◦

Niemand kann mich verletzen

Die altgriechische stoische Philosophie sagt: Nicht die Menschen verletzen uns, sondern die Vorstellungen, die wir uns von ihnen machen. Wenn ich von diesem oder jenem Menschen Liebe erwarte, dann entwickle ich eine bestimmte Vorstellung von ihm. Wenn der andere sie nicht erfüllt, fühle ich mich verletzt.

Eine Frau renovierte mit großem Engagement ihren Hausflur. Sie wartete voller Stolz auf das Kommen ihres Mannes. Doch als der Mann von der Arbeit kam, war er so voll von den Problemen der Arbeit, dass er gar nicht wahrnahm, was seine Frau zuwege gebracht hatte. Das hat sie tief verletzt. Doch was hat sie wirklich verletzt? Der Mann wollte sie nicht verletzen. Doch die Vorstellung, die sie sich von ihm gemacht hatte, er müsste doch merken, was sie gearbeitet hatte, die hat sie verletzt. Denn ihr Mann hat diese Vorstellung nicht erfüllt.

Wir meinen gleich, wir würden nicht mehr geliebt, wenn der andere unsere Vorstellungen von Liebe nicht erfüllt. Der Mann, der gedankenverloren nach Hause kam, liebte seine Frau nach wie vor. Aber die Frau konnte das nicht sehen, weil sie so auf ihre Vorstellung von Liebe fixiert war. In gewisser Weise hat die Stoa recht: Der andere kann mich letztlich nicht verletzen. Er kann das Haus, das auf dem Fundament der Liebe Gottes gebaut ist, nicht zum Einsturz bringen. Denn es ist getragen von der unendlichen Liebe Gottes, die durch die Verweigerung endlicher Liebe nicht gemindert werden kann. ∾

29. JULI

Engel der Dankbarkeit

Der Engel der Dankbarkeit schenkt dir neue Augen, um die Schönheit in der Schöpfung bewusst wahrzunehmen und dankbar zu genießen, die Schönheit der Wiesen und Wälder, die Schönheit der Berge und Täler, die Schönheit des Meeres, der Flüsse und Seen. Du wirst wahrnehmen, dass dich in der Schöpfung der liebende Gott berührt und dir zeigen möchte, wie verschwenderisch er für dich sorgt. Wer dankbar in sein Leben blickt, hört auf, gegen sich und sein Schicksal zu rebellieren. – Versuche, mit dem Engel der Dankbarkeit durch die kommende Woche zu gehen. Du wirst sehen, wie du alles in einem andern Licht erkennst, wie dein Leben einen neuen Geschmack bekommt. ∿

30. JULI

Einfach da sein

Martin Heidegger spricht von einer Gelassenheit, die sich aus dem Wesen des Denkens ergibt. Denken heißt nicht, die Dinge beherrschen, sondern sie sein lassen, sie in ihrem Wesen erscheinen lassen. Zum echten Denken gehört also die Gelassenheit. Sie ist die Grundvoraussetzung, dass ich mich ganz auf den Augenblick einlassen kann, ohne ihn einem Zweck zu unterwerfen, den ich selber setze. Ich bin einfach da. Und dieses reine Sein leuchtet auf in meinem Denken, im Hören von Musik, im Schauen der Schöpfung und der Kunst. Es ist ein gelassenes Denken, ein gelassenes Hören und ein gelassenes Schauen. Dieser Gelassenheit zeigt sich das Geheimnis des Seins in seiner Fülle. ∿

In Berührung mit sich selbst

Viele vom Lärm und der alltäglichen Anspannung geplagte Menschen suchen heute nach Auszeiten und Oasen der Ruhe. In unserer Abtei spüren wir, wie groß die Sehnsucht nach Rückzug ist. In unser Gästehaus kommen viele Menschen, die ein paar stille Tage verbringen möchten. Sie sehnen sich danach, vom Lärm ihres Alltags wegzukommen und einzutauchen in das Gebet der Mönche und in die stille Atmosphäre eines Klosters. In der Stille kommen sie in Berührung mit sich selbst. Das ist nicht immer angenehm. Daher suchen sie auch nach einer geistlichen Begleitung, um mit dem inneren Chaos, das in ihnen aufbricht, besser umgehen zu können. Nach einigen Tagen der Stille fühlen sie sich wieder gestärkt für den Alltag. Sie haben aus ihrer inneren Quelle getrunken. ∾

AUGUST
Einladung zum Glücklichsein

1. AUGUST
Liebe kennt keine Zeit

Über das Geheimnis der Zeit haben die Philosophen und Weisen von jeher nachgedacht. Augustinus von Hippo meinte einmal, jeder wisse, was Zeit ist. Aber sobald wir länger darüber nachdenken, wissen wir es auf einmal nicht mehr. Die Zeit ist nicht zu fassen. Sie ist immer im Fluss. Und sie entschwindet uns mit jedem Augenblick: «Jedes Zeitteilchen, das man weiterlebt, wird von der Lebensdauer abgezogen, und tagtäglich wird weniger und weniger, was übrig bleibt – niemand kann auch nur ein klein wenig stehen bleiben oder etwas langsamer gehen!»
Die Zeit entschwindet uns. Nur im Augenblick ist sie greifbar. Aber festhalten können wir sie nicht. Es bedarf der Kunst, ganz im Augenblick zu sein, um dem Geheimnis der Zeit näher zu kommen. ॐ

2. AUGUST
Möglichkeiten unseres Herzens

Die Seligpreisungen sind Fenster, die den Blick auf unsere Sehnsüchte nach einer ganz anderen Wirklichkeit freigeben. Sie wollen uns keine politische oder gesellschaftliche Utopie vor Augen halten, die niemals eintritt, sondern sie beschreiben uns die Möglichkeiten, die in unserem Herzen bereitliegen, Möglichkeiten, die wir aber vor lauter Beschäftigung mit dem Banalen oft genug zugedeckt haben und gar nicht mehr wahrnehmen. ॐ

Innere Freiheit

Jesus preist nie einfach nur die selig, die kein Geld haben. Denn nichts zu haben, besitzlos zu sein, ist für die Bibel kein erstrebenswertes Ziel. Jesus geht es um die innere Freiheit, die uns sagen lässt: «Ich hänge nicht an den Dingen, nicht an den Menschen. Ich brauche den Reichtum nicht. Wenn ich etwas habe, kann ich es auch mit andern teilen. Ich kann es genießen, aber ich jammere nicht, wenn ich es nicht bekomme.» «Armut im Geist» ist letztlich die Haltung, die viele geistliche Schriftsteller und Mystiker vom Menschen fordern und die auch Psychologen als Weg zum wahren Glück sehen. Es ist die Haltung der inneren Freiheit und Unabhängigkeit. Diese innere Freiheit den Bedürfnissen gegenüber ist die Voraussetzung zu wahrem Glück. ∾

4. AUGUST
Absichtslose Weisheit

Der wahre Weise weiß, dass er nichts weiß. Von Sokrates ist diese Einsicht überliefert. Meister Eckhart versteht dieses Wort noch etwas anders. Der wahre Weise weiß auch nichts von Gottes Wirken in sich selbst. Er überlässt sich einfach Gott. Doch er weiß nicht, wie Gott und wann und wo Gott in ihm wirkt. Er verzichtet darauf, Gottes Wirken zu erklären. Er überlässt sich dem Geheimnis seiner Gnade. Er verzichtet darauf, alles genau zu erklären. Er lässt alles Herrschaftswissen los und sehnt sich nach der wahren absichtslosen Weisheit. ∾

5. AUGUST
Nichts besitzen

Nichts gehört mir, weder ein Mensch, noch mein Haus, noch mein Leben. Ich darf alles genießen. Aber ich weiß, dass es mir nur geliehen ist. Mein Leib ist mir geschenkt. Aber ich kann ihn nicht besitzen und durch gesunde Lebensweise sein Funktionieren garantieren. Menschen, die ich liebe, gehören mir nicht. Sie sind frei. Und nur wenn ich sie frei lasse, vermag ich sie wirklich zu lieben. Vor allem aber gehört mir Gott nicht. Ich besitze Gott nicht, ich ergebe mich in ihn hinein, ohne etwas in Händen zu haben. ❧

6. AUGUST
Hans im Glück

Was Jesus in der «Armut im Geist» als Weg zum Glück beschrieben hat, das finden wir der Sache nach in dem Märchen von «Hans im Glück». In einer humorvollen und spielerischen Weise ist das gleiche Thema aufgegriffen. Hans ist glücklich, weil er von seinem Lehrherrn einen Klumpen Gold bekommt. Auf dem Weg nach Hause wird ihm das Gold zu schwer. Er tauscht es ein gegen ein Pferd, das voller Kraft und Schnelligkeit ist. Doch es ist ihm zu schnell und wirft ihn ab. So tauscht er es gegen eine Kuh ein. Die Kuh wird gegen das Schwein und das gegen die Gans eingetauscht. Schließlich ist er fasziniert vom Scherenschleifer und tauscht die Gans gegen den Schleifstein ein. Nachdem er des Genusses überdrüssig geworden ist, zieht ihn das Arbeiten an, bei dem etwas herauskommt. Doch der Stein fällt ins Wasser. Jetzt hat er nichts mehr. Aber ausgerechnet jetzt beginnt er zu tanzen und singt, er sei der glücklichste Mensch auf Erden. Jetzt ist sein Glück nicht mehr abhängig von Besitz, Genuss oder Erfolg. Jetzt ist er ganz er selbst. Er ist dankbar für sein Leben. Er kann es genießen.

Was das Märchen hier humorvoll und in bilderreicher Vorstellung schildert, das meint auch Jesus mit der «Armut im Geist»: einfach nur da zu sein, ohne Absicht, jeden Augenblick genießen, dankbar zu sein für das, was ist. Das genügt. Das ist wahres Glück. ∽

7. AUGUST
Eine freundlichere Welt

Es gibt bei den Menschen eine Sehnsucht, der aggressiven Welt zu entkommen, die Sehnsucht nach einer freundlichen Welt, die Sehnsucht nach Harmonie und Akzeptanz, die Sehnsucht, bedingungslos angenommen zu sein. Viele haben es leid, sich durch Aggression beweisen zu müssen. In die aggressive Grundstimmung unserer Welt hält Jesus die Seligpreisung der Milden und Sanftmütigen, der Gewaltlosen und Freundlichen. Und dieses Wort Jesu vom Berg herab hat eine Macht, die größer ist als die laute Aggressivität. Nach außen hin scheint das milde Wort Jesu ungehört zu verhallen. Und doch steckt darin ein Stachel, der die Aggressivität in Frage stellt und mitten in der harten Welt eine Ahnung von Sanftheit und Milde verbreitet.

Allein die Tatsache, dass Jesus diese Worte ausgesprochen hat, dass er den Mut hatte, in einer Welt, die durch die römische Machtpolitik ähnlich hart war wie die unsere, von der Milde zu sprechen, hat diese Welt verändert. ∽

8. AUGUST
Einladung zum glücklichen Leben

Das Glück, das Jesus denen ansagt, die sich um Gerechtigkeit mühen, besteht darin, dass sie gesättigt werden. Ihre Sehnsucht nach dem richtigen Leben wird sich erfüllen. Dabei kann die Sehnsucht nach Gerechtigkeit hier auf Erden wohl nie absolut gestillt werden. Vielmehr dürfen die, die nach Gerechtigkeit streben, immer wieder erfahren, dass es gut so ist, wie sie leben und wie sie sich um das gelingende Leben mühen. Es ist keine Sattheit, die träge macht, sondern zu einer inneren Zufriedenheit führt und letztlich zum Glück. Wer die Gerechtigkeit übt, wird mitten im Kampf um Gerechtigkeit innerlich glücklich und zufrieden sein. ∽

9. AUGUST
Die Sehnsucht nie vergessen

Jesus hat mitten in der unbarmherzigen Welt römischer Gewalt an der Barmherzigkeit festgehalten. Er hat an den Sieg der Barmherzigkeit und des Mitleids geglaubt. Seine Worte klingen auch in unsere unbarmherzige Zeit hinein und halten in uns die Sehnsucht nach einer barmherzigen Welt wach. Sie mahnen uns, diese Sehnsucht niemals zu vergessen, auch wenn wir oft genug den Eindruck haben, dass wir härter werden müssen. Das Wort Jesu klingt in uns nach und schlägt eine Bresche in die Unbarmherzigkeit der Welt. In der Wärme seiner Worte wird seine Barmherzigkeit in unserem Herzen Wirklichkeit. ∽

Das Herz aller Dinge

Der englische Dichter Graham Greene hat die Menschen mit ihren Schwächen und Abgründen geschildert, ohne über sie zu urteilen. Für ihn ist die Grundhaltung, in der er über andere schreibt, immer die Barmherzigkeit. In seinem Roman «Das Herz aller Dinge» wird die Barmherzigkeit zum Thema. Major Scobie, ein Polizeioffizier in einer afrikanischen Kolonie, steht zwischen zwei Frauen. Als er diesen Zwiespalt nicht mehr aushält, nimmt er sich mit Schlaftabletten das Leben. Seine Frau ist entsetzt. Im Gespräch mit Pater Rank, der den Offizier gut gekannt hat, meint sie, er sei ein schlechter Katholik gewesen und es habe keinen Sinn, für ihn zu beten, weil er ja doch verdammt sei.

«Da schlug der Priester das Tagebuch zu und rief zornig: Ich bitte Sie, Mrs. Scobie, bilden Sie sich nur ja nicht ein, dass Sie – oder ich – etwas von Gottes Barmherzigkeit wissen.»

Das Herz aller Dinge ist für Graham Greene die Barmherzigkeit Gottes. Major Scobie hat selbst etwas von dieser Barmherzigkeit den Menschen gegenüber gelebt. Er war dem Herzen Gottes näher als seine hartherzige Frau. Doch auch sie lernt schließlich von ihm und lässt zum Schluss alle Bitternis los. ❧

Achtfacher Pfad

Glücklich, die vor Gott arm sind:
Für sie ist Gottes Reich gekommen.
Glücklich, die jetzt traurig sind:
Sie werden getröstet werden.
Glücklich, die auf Gewalt verzichten:
Ihnen wird die Erde gehören.
Glücklich, die Hunger und Durst haben nach Gerechtigkeit:
Ihre Sehnsucht wird erfüllt werden.
Glücklich, die barmherzig zu anderen sind:
Sie werden selbst Erbarmen finden.
Glücklich, die ein reines Herz haben:
Gott wird sich Ihnen zeigen.
Glücklich, die Frieden machen:
Gott wird sie seine Kinder nennen.
Glücklich, die verfolgt werden, weil es ihnen um Gerechtigkeit geht: Für sie ist Gottes Reich gekommen.

In den acht Seligpreisungen hat Jesus den Weg zum gelingenden Leben in verdichteter Weise dargelegt. Es ist der achtfache Pfad, der uns den Weg zum Leben führt. In dem achtfachen Pfad spricht er Ursehnsüchte der Menschen an, wie sie schon im achtgliedrigen Weg Buddhas aufgeleuchtet sind. Es lassen sich nur schwerlich geschichtliche Zusammenhänge oder Abhängigkeiten zwischen dem Matthäusevangelium und Buddha aufzeigen. Aber die menschliche Seele hat nach C. G. Jung eine archetypische Struktur, und die verlangt nach Bildern, die sie ansprechen. Das heißt: Die acht Seligpreisungen Jesu berühren die tiefsten Sehnsüchte der menschlichen Seele, wie sie sich in allen Kulturen und Religionen finden. ∾

12. AUGUST
Wege zu einem beglückenden Leben

Die Seligpreisungen sind Zusagen Jesu an uns: «In dir stecken mehr Möglichkeiten, als du denkst. Du weißt ja im Grunde deiner Seele, dass es deiner tiefsten Sehnsucht entspricht, arm zu sein im Geist, frei zu sein von Abhängigkeit, durch Trauer zum Potenzial deiner Seele vorzudringen, milde und gerecht, barmherzig und rein und lauter zu sein, Frieden zu schaffen und zu deinem aufrechten Leben zu stehen, auch wenn du verfolgt wirst. Wenn du still wirst und tief in dich hineinspürst, dann weißt du sehr wohl, dass dein wahres Glück darin besteht, der Mensch nach Gottes Bild zu werden, das in dir zu verwirklichen, was Gott dir geschenkt hat.» Ꮼ

13. AUGUST
Eine Melodie, die weiter erklingt

Friedrich Schorlemmer sagt von den Seligpreisungen: «Die Seligpreisungen stimmen eine neue Melodie für diese Welt an, und sie überschreiten, was ist ... Sie betreffen das Außen der Welt und das Innere unseres Denkens und Fühlens.» Seit Jesus diese Worte auf dem Berg gesprochen hat, hat sich die Welt verändert. Sie sind eine Melodie, die weiter erklingt, auch wenn sie oft von den harten und unmenschlichen Rhythmen menschenverachtender Musik übertönt werden. Sich dieser Melodie immer wieder auszusetzen, das ist ein heilsamer Weg. Wenn die Worte in uns eindringen, bringen sie uns in Berührung mit den Möglichkeiten, die in unserer Seele schlummern. Ꮼ

14. AUGUST
Hoffen weitet das Herz

Hoffnung ist kein Schönwettergefühl. Der jüdische Philosoph Walter Benjamin sagt: «Die Hoffnung ist uns um der Hoffnungslosen willen gegeben!» Heute gibt es viele Hoffnungslose. Sie haben die Hoffnung auf eine bessere Zukunft verloren. Oft genug haben sie die Hoffnung für sich selbst aufgegeben. – Hoffnung eröffnet uns die Zukunft. Sie zeigt uns, dass das Leben lebenswert ist. Sie stärkt uns. Sie weitet das Herz. Hoffnung gilt letztlich immer einer Person – ich hoffe für dich und für mich: Ich hoffe für mich, dass alles gut wird, und ich hoffe für dich, dass dein Leben gelingen mag. ♋

15. AUGUST
Zwei Seelen in uns

Jesus verweist auf die Hintergründigkeit allen Glücks: Das Leben des Menschen gelingt nur, wenn Gott in ihm Raum bekommt. Der Mensch findet zu sich selbst, wenn er sich für Gott öffnet. Gott erfüllt die tiefste Sehnsucht des Menschen nach Glück. Wir dürfen mitten im Leben immer wieder die Erfahrung machen, dass wir im Einklang sind mit uns selbst. Wenn wir in der Meditation auf einmal von einem tiefen Glücksgefühl erfüllt werden, dann ist das zugleich immer auch eine Gotteserfahrung. Aber wir können dieses Glück nicht festhalten. Im nächsten Augenblick spüren wir auch wieder unsere Durchschnittlichkeit und Brüchigkeit. Glück lässt sich nicht besitzen oder festhalten. Aber wir können an unserem Glück arbeiten. ♋

16. AUGUST

Emotionen reinigen

Ein reines Herz ist ein Herz, das nicht von Nebenabsichten bestimmt wird, sondern das meint, was es sagt. Rein ist das Herz, das andere nicht verurteilt, das frei ist von dem Mechanismus, seine eigenen verdrängten Bedürfnisse auf andere zu projizieren. Ich merke an mir selbst, wie schwer es oft ist, so ein reines Herz zu erlangen. Denn täglich erlebe ich, wie sich meine Emotionen mit den Emotionen meiner Umgebung mischen und mein Herz trüben. Ich übernehme unbewusst ihre Stimmungen und ihre Urteile und merke gar nicht, dass ich Worte der andern benütze und mich von der Meinung und Stimmung um mich herum beeinflussen lasse. Da spüre ich, wie wichtig es ist, meine Emotionen immer wieder zu reinigen. ∾

17. AUGUST

Lebenssinn finden

Manche sehen keinen Sinn in ihrem Leben, weil sie zu hohe Erwartungen an sich selber haben. Sie spüren die Ohnmacht, angesichts der Weltsituation die Verhältnisse zu verbessern. Meinen Sinn finde ich nicht dadurch, dass ich die ganze Welt verändere. Der erste Sinn meines Lebens besteht darin, dass ich das einmalige Leben, das Gott mir geschenkt hat, auch lebe, dass ich meine persönliche Lebensspur in diese Welt eingrabe. Jeder von uns hat mit seinem Gesicht eine Ausstrahlung. Jeder verbreitet mit seiner Stimme eine Stimmung und erzeugt mit seinen Worten um sich herum eine Atmosphäre. ∾

18. AUGUST
Was strahle ich aus?

Was wollen wir in unsere Umgebung hinein ausstrahlen? Denn das ist unser Beitrag, diese Welt menschlicher zu gestalten. Es geht nicht in erster Linie um Leistung. Es geht um Stimmigkeit. Jeder Mensch ist einmalig. Der Sinn meines Lebens besteht nicht in erster Linie darin, Großes zuwege zu bringen, sondern das eigene Leben so authentisch zu leben, dass das, was Gott mir geschenkt hat, für diese Welt fruchtbar wird. Wenn ich den Sinn meines eigenen Lebens erkannt habe, werde ich auch genügend Kraft haben, etwas für diese Welt zu tun, was sie menschlicher macht. ∽

19. AUGUST
Meine Berufung

Um zu erkennen, was mein Auftrag in dieser Welt ist, muss ich zunächst und vor allem ehrlich auf meine Lebensgeschichte und auf meine Anlagen schauen. Ich muss mein Maß finden und meine Berufung erkennen. Das kann ich am besten, wenn ich in mich hineinhorche und beobachte: Wo fühle ich mich lebendiger? Wo strömt in mir Energie? Wo wird mein Herz weit? Bei welcher Alternative entstehen in mir Frieden und Freude? Jeder Mensch hat eine besondere Berufung, sein Leben zu leben und dadurch einen Beitrag zu leisten, dass diese Welt immer mehr dem ursprünglichen Schöpfungswillen Gottes entspricht. ∽

20. AUGUST
Angeschlossen am göttlichen Strom

In seiner Bildrede über den Weinstock sagt Jesus: «Wer in mir bleibt und in wem ich bleibe, der bringt reiche Frucht; denn getrennt von mir könnt ihr nichts vollbringen» (Johannes 15,5). Ich erlebe viele Menschen, die sich anstrengen, aus ihrem Leben etwas zu machen. Aber trotz aller Anstrengung bleibt ihr Leben unfruchtbar. Das ist oft ein Zeichen, dass sie alles aus eigener Kraft machen möchten. Frucht bringt unser Leben nur, wenn es durchlässig ist für etwas Größeres. Im Bild des Weinstocks meint Jesus: Wenn wir angeschlossen sind an den Strom der göttlichen Liebe, wenn wir aus der Quelle göttlicher Liebe schöpfen, wird unser Leben, wird unser Tun Frucht bringen. ⌒∿

21. AUGUST
Sommermorgen

Wenn du im Sommer morgens durch eine taufrische Wiese wanderst, dann fühlst du dich frischer und lebendiger. Dein ganzer Leib wird erfrischt, wenn du barfuß durch die Wiese läufst. Der Tau lädt dich aber auch dazu ein, die Wiese einfach anzuschauen und über das Spiel des Lichtes in den Tropfen zu staunen. Es ist etwas Unberührtes. Du scheust dich, dieses Geheimnisvolle zu zerstören. Es lädt dich ein, einfach zu schauen, zu betrachten, zu staunen. Der Sommermorgen lässt die Seele wieder froh werden. ⌒∿

22. AUGUST
Morgenstund' und Lebenslust ...

Der Engel der Lebenslust beginnt schon am Morgen damit, mir die Augen zu öffnen für das Geheimnis dieses Tages, für die kleinen Freuden, die für mich bereitliegen, für die frische Luft, die durch das offene Fenster einströmt, für meinen Leib beim Duschen, für das frische Brot beim Frühstück, für die Begegnung mit Menschen, mit denen ich heute zu tun habe. Der Engel der Lebenslust nimmt mich an die Hand und zeigt mir, dass das Leben in sich schön ist. Es ist schön, gesund zu sein, seinen Leib zu bewegen. Es macht Spaß, frei durchzuatmen. Und es ist eine Freude, die täglichen Überraschungen des Lebens bewusst wahrzunehmen. ∾

23. AUGUST
Der Vergleichsteufel

Sobald wir in eine Gruppe von Menschen kommen, setzt bei uns der Mechanismus des Vergleichens ein. Ich vergleiche mich mit den andern: Schauen sie besser aus als ich? Sind sie intelligenter als ich? Verdienen sie mehr Geld als ich? Ziehen sie mehr Aufmerksamkeit auf sich, als mir das gelingt? Sind sie spiritueller als ich? Solange ich mich mit anderen vergleiche, werde ich nie zur Ruhe finden. Ich werde mich entweder entwerten und die andern aufwerten oder aber umgekehrt. Aber ich bin nie bei mir. Ich bin immer bei den andern. Und so komme ich nie zur Ruhe. Wenn ich darauf verzichte, mich mit andern zu vergleichen, werde ich Ruhe finden. Dann werde ich mit mir selbst konfrontiert und eingeladen, mich mit mir und meiner Wirklichkeit auszusöhnen. Der Verzicht auf das Sich-

Vergleichen führt mich zur Dankbarkeit für das, was Gott mir geschenkt hat und jeden Augenblick anbietet. Anstatt auf die andern zu schauen, nehme ich mich wahr, wie ich selber bin. Ich bin bei mir. Ich bin einfach da. Das ist die Bedingung, um Ruhe finden zu können. Denn Ruhe heißt einfach: da sein, ruhen, im Einklang mit sich sein. ∽

24. AUGUST

Angst kann ein Engel sein

Ein Mann lebt in der ständigen Angst, er könne Krebs bekommen und dann sterben. Selbst wenn der Arzt ihm bestätigt, er bräuchte keine Angst zu haben, er sei gesund und nicht besonders anfällig für Krebs, beruhigt das seine Angst nicht.

Ein guter Weg, mit dieser Angst zu leben, wäre: im Gebet mit Gott über diese Angst zu sprechen, sie sich einzugestehen und sie dann als Engel zu begrüßen, der mich zu Gott führen möchte. Immer wenn die Angst in mir hochsteigt, nehme ich sie an. Ich sage mir: Ja, ich könnte Krebs bekommen. Aber ich weiß, dass ich auch in der Krankheit in Gottes Hand bin. Die Angst weist mich darauf hin, worum es eigentlich in meinem Leben geht. Es geht nicht darum, wie lange ich lebe, sondern dass ich intensiv lebe, dass ich jetzt in diesem Augenblick lebe. Auf diese Weise wird die Angst zum Engel, der mich begleitet und mir immer wieder die Augen öffnet für das Wesentliche. Es geht im Gebet also nicht darum, die Angst loszuwerden. Vielmehr soll ich im Gebet erkennen, wohin mich die Angst führen möchte. ∽

25. AUGUST
Den eigenen Wert entdecken

Die erste Grundangst ist die Angst des zwanghaften Menschen. Sie kreist um den Pol der Notwendigkeit. Aus Angst um alles Mögliche flieht der Mensch in die Notwendigkeit. Das führt dazu, dass «das gesamte Lebensgefühl, das ganze Denken, die ganze Einstellung der Existenz von diesem einen Axiom beherrscht wird: Ich muss, um berechtigt zu sein, mir eine Daseinsberechtigung erarbeiten» (Eugen Drewermann). Die Angst des Zwanghaften ist die Angst vor der eigenen Wertlosigkeit. Ich erfahre mich in der Welt als wertlos. Daher muss ich meinen Wert in der Welt beweisen durch Leistung und Arbeit. Doch je mehr ich mich anstrenge, meinen Wert durch Leistung zu beweisen, desto stärker wird die Angst.
Wo erfahre ich meinen Wert? ∾

26. AUGUST
Halt im Leben finden

Die zweite Grundangst ist die Angst des hysterischen Menschen, der um den Pol der unendlichen Möglichkeit kreist. Es ist die Angst vor der Haltlosigkeit des Daseins. Weil ich keinen festen Halt habe, weil mir die Welt und alles, was in ihr wertvoll ist, entschwindet, muss ich äußeren Halt suchen. Das kann der Besitz sein, an den ich mich festklammere. Oder es kann ein Mensch sein. Wenn ich aber von einem Menschen absoluten Halt und absolute Geborgenheit erwarte, werde ich ihn überfordern.
Wo findet mein Leben Halt? ∾

27. AUGUST
Mit Schuld leben lernen

Die dritte Angst ist die Angst des depressiv veranlagten Menschen, der an der Unendlichkeit verzweifelt. Es ist die Angst vor der Schuldhaftigkeit des Daseins. Allein dadurch, dass ich in der Welt bin, habe ich unendlich viel Schuld auf mich geladen. Ich nehme anderen die Zeit und den Raum weg, den sie zum Leben brauchen. Viele versuchen, diese Angst dadurch zu bekämpfen, dass sie sich für andere verausgaben. Sie wollen gleichsam ihre Schuld abzahlen. Doch je mehr sie sich anstrengen, ihre Schuld durch Einsatz für andere abzuzahlen, desto mehr überfordern sie sich selbst und fühlen sich irgendwann verausgabt.
Wie lebe ich mit meiner Schuld? ∾

28. AUGUST
Nähe ertragen

Die vierte Angst ist die Angst des schizoiden Menschen. Der schizoide Mensch hat Angst vor Nähe. In der Sicht Eugen Drewermanns kommt er mit dem Pol der Endlichkeit nicht zurecht. Er ist nicht in Berührung mit seinen Gefühlen und wirkt daher auf andere gefühlskalt und distanziert. Er schildert schmerzliche Verletzungen, als sei er selbst nicht daran beteiligt. Manchmal fantasiert er in die Welt all seine Fremdheitsideen hinein. Diese Fantasien können sich steigern bis hin zum Verfolgungswahn. Dann wird er getrieben von der Angst, ein anderer könne ihn verfolgen.
Wie bestimme ich Nähe und Distanz? ∾

29. AUGUST
Eine Kraft und Lebensquelle

Angst gehört wesentlich zu uns Menschen. Die Qualität unseres Menschseins hängt davon ab, wie wir mit unserer Angst umgehen. Verdrängung der Angst führt zur Erstarrung und verbraucht sehr viel Energie. Wer seine Angst unter Verschluss hält, dem fehlt die Energie zum Leben. Er fühlt sich oft erschöpft. Deshalb muss die Angst verwandelt werden. Dann wird sie zu einer Quelle des Lebens für uns, zu einer Quelle der Wahrhaftigkeit, der Klarheit und der Achtsamkeit. Der Weg zur Verwandlung geht über das Gespräch mit der Angst und über die Öffnung der Angst auf Gott hin. ∾

30. AUGUST
Nichts überspringen

Wenn wir mit unserer Angst reden, wird sie uns auf wichtige Haltungen und Fehlhaltungen stoßen. Und wir werden im Gespräch mit unserer Angst immer wieder auf das Eigentliche unseres Lebens verwiesen. Im Grunde – so ist es die Überzeugung der Bibel – vermag nur Gott unsere Angst zu beruhigen. Aber der Glaube darf die natürlichen Bedingungen unserer Psyche nicht überspringen. Es gibt auch Ängste, die der Glaube an Gott nicht zu heilen vermag. Da braucht es die Demut, sich in die Urgründe und Ursachen seiner Angst hinabzubegeben und sich dem zu stellen, was uns da begegnet. ∾

31. AUGUST
Am Ende des Tunnels

Gerade in der jüngsten Zeit bin ich immer wieder auf das Thema Angst gestoßen. Menschen fingen an, von ihrer Angst zu erzählen. Wenn in einer Gruppe jemand auf seine Angst zu sprechen kam, bekamen auch die andern Mut, von ihrer Angst zu reden. Meine Erfahrung ist: Wenn wir es wagen, über unsere Angst zu sprechen, dann verliert sie ihre Macht. Wer seine Angst anschaut, wird von ihr nicht mehr bestimmt. Wer nur gegen seine Angst kämpft, weckt in ihr eine so starke Gegenkraft, dass er ständig um sie kreist und von ihr verfolgt wird. Wer sie jedoch liebevoll anschaut und sie sich zum Freund macht, den wird sie in eine größere Lebendigkeit und Freiheit führen, in eine neue Tiefe des Vertrauens und der Liebe. ∾

SEPTEMBER
Die Botschaft des Herzens

1. SEPTEMBER
Quellen wollen fließen

Eine Quelle will fließen. Du kannst das Wasser der Quelle nicht allein für dich behalten. Es bleibt nur frisch und erfrischend, wenn es strömt. Sonst wird es schal und verliert seine Kraft. Die Quelle will in dir strömen, aber auch von dir weg auf andere hin. Wo fließt heute Energie bei dir? Dort, wo das Leben in dir strömt, bist du in Berührung mit dem Grund deines Lebens. Vielleicht hast du den Eindruck, dass das Leben momentan eher stockt. Dann stelle dir vor, wohin deine Energie strömen möchte. Was würde dich lebendig machen? Ist es ein schöner Urlaub in einem fremden Land? Oder eine Arbeit, für die du dich gerne engagieren würdest? Oder eher ein kreatives Tun? ∾

2. SEPTEMBER
Traumbilder

Träume einfach einmal vor dich hin, was du gerne tun würdest. Und entwerte deine Träume nicht gleich durch das Argument, dass sie sowieso unrealistisch sind. Beim Träumen ist es wichtig, Wunschbilder zuzulassen, ohne gleich nach der konkreten Verwirklichung zu fragen. Erst im zweiten Schritt sollst du dir überlegen, wie du das konkret umsetzen kannst. Ist es möglich, deine Träume in deinem jetzigen Beruf wahr werden zu lassen? Oder musst du dir eine andere Arbeit suchen? Ist der Traum vielleicht ein Bild für das, was du gerade tust? Dann könnte das Bild dir schon helfen, die Energie in dir wieder zum Fließen zu bringen. Es bringt etwas in dir in Bewegung. ∾

3. SEPTEMBER

Unser inneres Kind heilen

Jeder von uns trägt in sich das Kind, das er einmal war. Da ist das verletzte Kind, das wir in den Arm nehmen sollen, um es zu trösten und für es zu sorgen. Anstatt zu jammern, sollen wir mütterlich und väterlich mit dem kleinen Jungen und dem verlassenen Mädchen umgehen – dem Kind, das wir selber sind. Wir übernehmen die Verantwortung für das hilflose und gekränkte Kind in uns. Zugleich gibt es in uns aber auch das göttliche Kind. Es steht für das Potenzial an Kreativität und Fantasie, das wir in uns vorfinden. Es ist das, was uns Gott von Geburt an mitgegeben hat. Es sind unsere Fähigkeiten, unsere Art und Weise, zu denken und zu fühlen. Und es ist unsere ganz persönliche Weise, unser Leben zu gestalten. ∾

4. SEPTEMBER

Wo fließt die eigene Energie?

Wenn wir in der Kindheit nach Situationen suchen, in denen wir uns vergessen konnten, in denen wir ein «Flow-Gefühl» hatten, geht es in erster Linie darum zu entdecken: Was ist mir wichtig? Wo fließt in mir die Energie? Die eigenen Quellen schützen uns davor, uns in ein Korsett zu zwängen und uns eine Art des Arbeitens aufzuzwingen, die uns auslaugt. Wenn wir aus unserer inneren klaren Quelle schöpfen, können wir viel und gut arbeiten. Und wir werden es mit neuer Freude und Energie tun. Die eigene Quelle bringt etwas Erfrischendes in unseren Leib und unsere Seele. Und sie lässt das, was wir tun, auch gelingen. ∾

5. SEPTEMBER
Innehalten, nach innen horchen

Jesus hat uns in seinem Verhalten gezeigt, wie auf äußere bedrängende Situationen zu reagieren wäre. Als die Pharisäer ihm eine Frau brachten, die beim Ehebruch ertappt worden war, fühlte er sich in die Enge gedrängt. Er wusste, dass alles, was er sagte, gegen ihn verwendet werden konnte. Wenn er sich auf die Spielregeln der Pharisäer eingelassen hätte, hätte er verloren. Doch er tauchte ab. Er beugte sich bis auf den Boden und schrieb mit seinen Fingern in den Sand. Das war in dieser angespannten Situation für ihn der Weg, mit seiner inneren Quelle in Berührung zu kommen. Und auf einmal stand er auf und sagte den Umstehenden: «Wer von euch ohne Sünde ist, werfe als Erster einen Stein auf sie» (Johannes 8,7). Gegen diesen Satz waren die Pharisäer machtlos. Einer nach dem andern ging weg. Jesus hat sich also den Spielregeln der andern entzogen. Er hat innegehalten und im Innehalten seine eigene Mitte entdeckt. In seiner Mitte spürte er eine kreative Lösung in sich aufsteigen.

In dieser Reaktion Jesu steckt für mich ein wichtiges Vorbild: Statt auf die anderen zu starren und mir den Kopf zu zerbrechen, wie ich ihre Erwartungen erfülle oder auf ihre feindlichen Attacken sinnvoll reagieren könne, muss ich zuerst einmal innehalten und mich selbst spüren. Wenn ich in meine Mitte komme, werde ich auch Lösungen entdecken, die aus der inneren Quelle entspringen und nicht aus der Reaktion auf die andern. ∾

6. SEPTEMBER
Spirituelle Quellen

Viele haben heute das Gefühl, dass die Quelle, aus der sie leben, trüb geworden ist. Sie hat ihre erneuernde Kraft verloren. Oder sie ist eingetrübt durch Haltungen, die der Seele nicht gut tun, oder durch Emotionen, die von außen her eine ursprünglich reine Quelle beschmutzen. Da sehnen sich viele Menschen nach einer Klarheit, die erfrischt und Leben schenkt. Wenn ich in Vorträgen von den Quellen spreche, aus denen wir schöpfen, vor allem von den spirituellen Quellen, dann werde ich immer wieder gefragt: Wie komme ich denn in Berührung mit dieser inneren Kraft, die ich die Quelle des Heiligen Geistes nenne? ∾

7. SEPTEMBER
Spirituelle Fehleinschätzung

Meditation ist für mich ein wichtiger Weg, um mit meiner inneren Quelle in Berührung zu kommen. Aber ich kenne Menschen, die meditieren, um dem Leben auszuweichen. Sie flüchten sich in die Meditation, weil sie unfähig sind, sich auf Menschen einzulassen. Ihre Beziehungsstörung überhöhen sie spirituell. Sie fühlen sich als etwas Besonderes und merken gar nicht, dass ihre Meditation sie nicht zum Leben führt, sondern in die Isolierung. Diese Isolierung verstehen sie als Ort, an dem sie ihre Spiritualität leben können. Doch von solchen Menschen geht keine Kraft aus. Sie kreisen letztlich in der Meditation nur um sich, anstatt aus der inneren Quelle heraus für die Menschen da zu sein und sich an die Arbeit hinzugeben. ∾

8. SEPTEMBER
Raum der Stille – in mir

Die Stille ist nicht eigentlich außerhalb. Sie ist vor allem in mir. Die Mystiker sind davon überzeugt, dass in uns ein Raum der Stille ist, in dem Gott wohnt. Wir müssen die Stille nicht schaffen. Sie ist in uns. Aber wir sind oft von ihr abgeschnitten. Daher ist es gut, in der äußeren Stille den inneren Raum des Schweigens in sich zu entdecken und sich dorthin zurückzuziehen. In diesem Raum der Stille können die Menschen mit ihren Erwartungen und Ansprüchen, mit ihren Urteilen und Beurteilungen nicht vordringen. Dort kann niemand mich verletzen. Zu diesem Raum der Stille haben auch die eigenen Gedanken und Gefühle, meine Ängste, meine Sorgen, meine Selbstentwertungen und Selbstverurteilungen keinen Zutritt.

9. SEPTEMBER
Mein eigener Rhythmus

Wir sollten gerade in unserer hektischen Zeit mit ihren immer stärker werdenden äußeren Anforderungen nach dem eigenen Rhythmus suchen. Gerade, wenn wir das Gefühl haben, dass unser Zeit-Takt von außen bestimmt wird, von der Arbeit, von den vielen Verpflichtungen, und gerade weil wir uns nicht einfach aussuchen können, was und wie viel wir zu tun haben, ist das unsere ureigene Aufgabe, bei all den äußeren Anforderungen doch den eigenen Rhythmus zu finden und so zu uns zu kommen.

10. SEPTEMBER

Träume sprechen zu uns

Schon die Bibel weiß darum, dass Gott zu uns im Traum spricht. Gott kann uns im Traum eine Botschaft vermitteln. Aber auch die Träume, die nicht auf den ersten Blick fromm zu sein scheinen, wollen uns etwas Wichtiges für unseren geistlichen Weg sagen. In unseren Träumen sagt uns Gott, wie es um uns steht, was wir verdrängt haben. Wir meinen vielleicht, wir seien in Frieden mit uns selbst. Doch der Kriegstraum zeigt uns, dass wir noch mitten im Krieg mit uns selbst stecken. Wir glauben, wir würden unser Leben selbst in die Hand nehmen. Doch der Traum zeigt uns das innere Chaos. Da geht alles drunter und drüber. Da ist unsere Wohnung nicht aufgeräumt. Und wir finden nicht, was wir suchen. Der Traum deckt uns unsere tiefere Wirklichkeit auf, und es braucht Demut, sich dieser Wirklichkeit zu stellen. Es geht dann darum, den Traum im Gebet vor Gott zu halten und zu akzeptieren: Das bin ich auch. So sieht es in mir aus. Gott möge das innere Durcheinander ordnen und das Dunkle erhellen. In unseren Träumen gibt uns Gott oft die Schritte an, die wir gehen sollen, damit unser Leben gelingt und wir ein ganzer Mensch werden. Er gibt uns gleichsam das spirituelle Programm an, das wir erfüllen sollen. Und dieses Programm sieht oft ganz anders aus als das, das wir uns selbst auferlegt haben. ᘖ

11. SEPTEMBER
Träume führen uns weiter

Eine Frau möchte einen Weg finden, wie sie eine bessere Disziplin für ihr spirituelles Leben lernen kann. Doch dann träumt
sie davon, dass ihr Herz krank sei. Da merkt sie, es geht nicht
um Disziplin, sondern um ihr Herz. Sie soll ihr Herz für Gott
öffnen. Sie soll sich fragen, ob ihre Suche nach einer klaren
Struktur wirklich Gottes Willen entspricht oder eher ihrem
Ehrgeiz entspringt. Gott hat ihr in diesem Traum das eigentliche Thema angegeben, an dem sie arbeiten solle. Gott möchte
nicht ihre religiöse Leistung, sondern ihr Herz. ∾

12. SEPTEMBER
Träume führen in die Zukunft

Träume sind auch Verheißungen. In ihnen zeigt uns Gott, dass
wir schon weiter sind, als wir ahnen. Da träumen wir zum
Beispiel mitten in depressiven Phasen von einem Licht, das
uns erleuchtet. Gott weist uns damit auf das Heilende hin, das
mitten in dem Kranken in uns ist, auf das Licht mitten in unserer Finsternis. Oder Gott lässt uns von einem Kind träumen.
Ein Kind weist immer auf das Neue hin, das in uns geboren
werden möchte, auf das Ursprüngliche und Echte, mit dem wir
in Berührung kommen. Aber manchmal gehen wir im Traum
unachtsam mit dem Kind um. Wir lassen es fallen. Es verletzt
sich. Dann ist der Traum nicht nur Verheißung des Neuen, das
in uns geboren wird, sondern zugleich Mahnung, behutsam
mit diesem Neuen umzugehen und uns dessen bewusst zu
werden, was da in uns werden möchte. ∾

13. SEPTEMBER
Sich Zeit lassen

Es gibt die schnelle und die langsame Zeit. Wenn ich arbeite, soll die Arbeit schnell von der Hand gehen. Das ist Zeichen für eine gesunde Spiritualität, in der ich innerlich nicht gebremst werde durch irgendwelche inneren Blockaden. Und es gibt die langsame Zeit, in der ich bewusst die Zeit verlangsame. Ich gehe bewusst langsam spazieren. Dann gehört jeder Schritt mir. Ich lasse mir Zeit zum Lesen, zum Musikhören, zum Gespräch. Wenn ich lese, lese ich. Wenn ich Musik höre, höre ich Musik. Und wenn ich mit jemandem spreche, ist nichts da, was mich von meinem Gegenüber ablenkt. Da schaue ich nicht auf die Uhr. Da genieße ich die Zeit. ∾

14. SEPTEMBER
Heilige Räume und Zeiten

Jeder braucht in seinem Leben Zonen, die ihm heilig sind und die der Verfügung der anderen entzogen sind. Diese Zonen müssen wir schützen. Sie schaffen einen heiligen Raum, der von ständigen entfremdenden Anforderungen, die auf uns einstürmen, befreit ist. Sie schützen für mich einen Wert, den ich mir von keinen anderen Werten streitig machen lasse. In dieser heiligen Zeit vermag ich aufzuatmen, da komme ich in Berührung mit mir selbst und da bin ich in Berührung mit Gott. Da spüre ich, wie ich heil und ganz werde. Die heilige Zeit tut mir gut. Sie heilt meine Wunden. Sie klärt in mir, was sich an Trübem angesammelt hat. ∾

15. SEPTEMBER

Ruhe beginnt im Herzen

Der Unfähigkeit, zur Ruhe zu kommen, entspricht die Sehnsucht heutiger Menschen, endlich einmal abschalten und ruhig werden zu können. Kurse, die Wege zur inneren Ruhe verheißen, sind überfüllt. Man erwartet von psychologischen Methoden oder von körperlichen Entspannungstechniken, dass man endlich auch die innere Ruhe findet, nach der man sich sehnt. Ruhe kann man aber nicht durch äußere Entspannungstechniken erzeugen. Sie ist Ergebnis eines spirituellen Weges. Ruhe beginnt bei der Seele. Zuerst muss das Innere in uns zur Ruhe kommen. Dann wird sich die Ruhe auch leiblich auswirken. Wenn das Herz ruhig geworden ist, werden wir auch unser Tun in aller Ruhe vollziehen, dann werden unsere Begegnungen aus innerer Ruhe herausfließen. ☙

16. SEPTEMBER

Frieden fließt von innen

Von der Erfahrung inneren Friedens gehen friedvolle Gedanken zu meinen Mitmenschen. Da haben feindliche und ärgerliche Gedanken keinen Raum. Friede ist für mich nicht zuerst ein Appell, dass ich mit allen friedlich leben sollte. Vielmehr entspringt der Friede zu den Menschen der Erfahrung meines inneren Friedens. Ich muss dann gar keinen Frieden schaffen. Es ist in mir Friede. Und der breitet sich von allein aus. ☙

17. SEPTEMBER
Arbeits-Atmosphären

Ob meine Arbeit Sinn hat oder nicht, hängt nicht so sehr von der Arbeit in sich ab, sondern davon, welchen Sinn ich ihr gebe. Ich erzeuge mit meiner Arbeit nicht nur ein Produkt, das anderen dient. Ich schaffe bei meiner Arbeit auch eine Atmosphäre. Es kann eine krank machende oder aber eine heilende und inspirierende Atmosphäre sein. Wenn um mich herum ein gesundes Arbeitsklima entsteht, dann hat meine Arbeit eine therapeutische Wirkung. Sie kann Menschen Freude nicht nur an der Arbeit, sondern auch an ihrem Leben und am Miteinander schenken. Wer jedoch nur Ärger und Frustration erfährt, wird sie auch daheim weitergeben. ∾

18. SEPTEMBER
Wozu bin ich da?

Wie ein roter Faden zieht sich durch unser Leben, die Aufgabe zu entdecken, die uns zugedacht ist. Es geht darum, dass wir unsere Sendung erkennen. Wir sollen nicht auf unser Gesundwerden fixiert sein, sondern den Auftrag erkennen, den wir in dieser Welt zu erfüllen haben. Dann werden wir erleben, dass unser Leben sinnvoll ist. Victor E. Frankl, der Begründer der Logotherapie, hat immer wieder darauf hingewiesen, dass heute viele Menschen krank sind, weil sie keinen Sinn mehr in ihrem Leben sehen, weil sie nicht mehr über sich hinausblicken auf einen Sinn, der sie übersteigt. Der Sinn, den wir unserem Leben geben, macht uns gesund. ∾

19. SEPTEMBER
Mut zu Fehlern

Wir leben in einer Welt und in einer Gesellschaft, die Schwächen gegenüber nicht nachsichtig gesinnt ist. Gewiss, es ist notwendig, dass man sich in seinem Beruf bemüht, fehlerfrei zu arbeiten. Aber: In den Betrieben zeigt sich oft auch, dass diejenigen, die absolut keine Fehler begehen wollen, nie etwas Neues schaffen. Wer Neues wagen will, macht auch Fehler. Fixierung auf Fehlerfreiheit lähmt – und führt dazu, dass wir nur immer das Alte wiederholen und voller Angst darauf achten, dass uns niemand etwas nachweisen kann. Ich denke: Daran ist der Mangel an Mut und Vertrauen schuld. Eine solche Haltung macht übervorsichtig – und letztlich unglücklich. ∾

20. SEPTEMBER
Drei Wünsche frei ...

Es gibt zahlreiche Märchen, in denen der Mensch seine Wünsche äußern darf. Meistens sind es drei Wünsche, die er frei hat. Und es ist gar nicht so leicht, dass er das wünscht, was ihm wirklich hilft. In einem Märchen etwa wünscht sich ein Mann besseres Wetter, dass es nicht mehr regnen solle. Doch darauf merkt er, dass dann nichts mehr wächst. Dann soll es nur nachts regnen. Daraufhin beschwert sich der Nachtwächter. Schließlich lässt er es wieder beim Alten. Seine Wünsche gingen ins Leere. Was wünschen wir wirklich? Was brauchen wir? Wonach trachten wir, was möchten wir gewinnen? ∾

21. SEPTEMBER
Zärtlich umgehen mit mir selbst

Sich mit sich selbst versöhnen heißt: Frieden stiften mit mir selbst, einverstanden sein mit mir, so, wie ich geworden bin. Den Streit schlichten zwischen den verschiedenen Bedürfnissen und Wünschen, die mich hin und her zerren. Die Spaltung aufheben, die sich in mir auftut zwischen meinem Idealbild und meiner Realität. Die aufgebrachte Seele beruhigen, die sich immer wieder auflehnt gegen meine Wirklichkeit. Und es heißt: das küssen, was mir so schwerfällt, meine Fehler und Schwächen küssen, zärtlich umgehen mit mir selbst, gerade mit dem, was meinem Idealbild widerspricht. ❧

22. SEPTEMBER
Barmherzig mit sich selbst

Wir haben in uns ein hartherziges Über-Ich, das all unsere Gedanken und Gefühle beurteilt, das uns bestraft, wenn wir seinen Forderungen nicht entsprechen. Gegen dieses unbarmherzige Über-Ich kommen wir oft nicht an. Da brauchen wir die Worte Jesu, der uns den barmherzigen Vater vor Augen führt, der den verlorenen Sohn nicht verstößt, sondern ein Fest mit ihm feiert, weil er, der verloren war, wieder gefunden wurde, weil er, der tot war, wieder zum Leben erweckt wurde. Da brauchen wir einen Engel der Barmherzigkeit, der den inneren Richter in uns entmachtet und unser Herz mit erbarmender Liebe erfüllt. ❧

Im milden Herbstlicht

Für mich ist das milde Herbstlicht immer ein Bild für einen Menschen, der auf sich selbst, auf seine Fehler und Schwächen, aber auch auf die Menschen und ihre Menschlichkeiten mit einem milden Blick sieht. Mit seinem milden Blick taucht ein solcher Mensch seine eigene Wirklichkeit und die der Menschen um sich herum in ein mildes Licht.

Im milden Herbstlicht wird alles schön. Da leuchten die bunten Blätter am Baum in ihrer ganzen Schönheit. Da ist aber auch der dürre Baum schön. Da bekommt alles seinen eigenen Glanz.

Ich kenne alte Menschen, von denen so eine Milde ausgeht. In ihrer Nähe bin ich gerne. Mit ihnen unterhalte ich mich gerne. Da geht eine Erlaubnis aus, dass ich so sein darf, wie ich bin, und eine Zustimmung: «Es ist doch alles gut.» Das Leben hat diese alten Menschen oft hin- und hergeschüttelt. Sie sind durch Höhen und Tiefen gegangen. Aber jetzt im Herbst ihres Lebens schauen sie mit einem milden Blick auf alles. Es ist ihnen nichts Menschliches fremd geblieben. Aber sie verurteilen nichts. Sie lassen es im milden Herbstlicht leuchten, so wie es halt geworden ist. ❧

24. SEPTEMBER

Heitere Menschen tun gut

In der Nähe eines heiteren Menschen kann man sich nicht über den Weltuntergang unterhalten. Da kann man sich nicht in einem Jammern über die Zustände dieser Welt ergehen. Der Heitere verschließt die Augen nicht vor der konkreten Situation dieser Welt. Er verdrängt das Dunkle nicht. Aber er sieht alles aus einer anderen Perspektive heraus, letztlich aus einer Perspektive des Geistes, der auch die Finsternis durchschaut, bis er auf den leuchtenden Grund Gottes darin stößt. ∾

25. SEPTEMBER

Wunden erinnern an Sehnsucht

Es gibt viele Wege, sich mit Kränkungen in seiner Lebensgeschichte zu versöhnen. Wenn ich die Wunden meiner Lebensgeschichte als Entfacher meiner Sehnsucht verstehe, kann ich mich mit ihnen aussöhnen. Sie bleiben Wunden. Sie werden auch immer wieder wehtun. Aber – ich versinke dann nicht in Selbstmitleid, sondern sage mir: «Die Wunde schmerzt. Aber im Schmerz komme ich in Berührung mit meiner Sehnsucht nach wirklicher Heilung, nach endgültigem Heilsein und Ganzsein.» Dann bin ich frei von dem Druck, meine Verletzungen so aufzuarbeiten, dass sie nicht mehr auftauchen. Sie dürfen sich in mir zu Wort melden. Sie erinnern mich immer wieder an die Sehnsucht, die in mir ist. Und sie bringen mich in Berührung mit meinem Herzen, in dem diese Sehnsucht lebt und das gerade durch die Sehnsucht lebendig ist und weit und voller Liebe. ∾

26. SEPTEMBER
Säen, was andere ernten werden

Große Menschen haben nie den kurzfristigen Erfolg gesucht. Sie haben Bäume gepflanzt, deren wahre Größe sie nie gesehen haben. Sie haben Kathedralen gebaut, deren Vollendung sie nie erlebt haben. Die Früchte ihrer Arbeit haben Generationen nach ihnen geerntet. Wahre Größe zeigt sich, wer für seine Nachkommen sorgt, wer mit vollem Engagement an Projekte geht, deren Früchte andere genießen werden. ∾

27. SEPTEMBER
Revision de vie

Von Zeit zu Zeit sollten wir unsere Arbeit und unsere Situation in der Familie oder in der Gemeinschaft bedenken und uns fragen, ob das alles noch stimmt. Was zur leeren Routine geworden ist, raubt uns Energie. Es gibt Tätigkeiten, aus denen uns Energie zufließt, und andere, die uns Kraft rauben. Du kannst alles, was du in deiner Arbeit und in deinem Alltag tust, danach einteilen, ob es Energiespender oder Energieräuber sind. Wenn du das einmal getan hast, dann wirst du erkennen, wo du mit deiner inneren Quelle in Berührung bist und wo nicht. Niemand wird sich nur auf Tätigkeiten beschränken können, in denen seine Energie fließt. Leben besteht im Alltag auch aus Routine und aus Widerständen. Aber du kannst dich fragen, ob das, was dir die Energie raubt, wirklich notwendig ist. ∾

28. SEPTEMBER
Hier und jetzt

Wir sind zu kopflastig. Wir denken über die Dinge nach, wenn es darauf ankäme, sie zu spüren. Im Denken schaffe ich Abstand, nicht nur zu den Dingen, sondern auch zu Personen. Ich mache mir eine Theorie über einen Menschen, anstatt mich auf den Menschen einzulassen. Der Kopf ist immer unruhig. Er denkt ständig an etwas anderes. Natürlich ist der Verstand etwas Kostbares. Ohne ihn wären wir nicht so weit gekommen, wie wir sind. Ohne ihn hätte ich mein Leben nicht so gemeistert. Aber oft genug steht er mir auch im Weg und hindert mich daran, den Augenblick zu genießen. Denn der Verstand vermag nicht im Augenblick zu verweilen. Anders meine Sinne: Sie führen mich ein in die Kunst, im Augenblick zu sein. In den Sinnen bin ich immer ganz präsent. Da spüre ich, da schaue ich, da höre ich, da rieche ich, da schmecke ich, da berühre ich: hier und jetzt. ❧

29. SEPTEMBER
Schwächen und Stärken

Zu unserer Wirklichkeit gehört: Wir haben beides, Stärken und Schwächen. Es verändert die Wirklichkeit nicht, wenn wir eine rosarote Brille aufsetzen. Und mit der Meinung, es sei alles nur Willenssache und auch die Wirklichkeit um mich herum, sei nur meinem Wollen unterworfen, werde ich auf Dauer weder Erfolg erreichen noch glücklich werden. Wenn ich das glaube, dann übersteige ich das Maß, das mir von Gott gesetzt wurde. ❧

Jammern hilft nichts

Wenn mir jemand vorjammert, wie schlimm alles ist, hat es keinen Zweck, ihm das Positive vor Augen zu führen. Wie oft habe ich mir den Kopf darüber zerbrochen, was ich einem solchen Menschen sagen, auf welche Dinge ich ihn hinweisen könnte, um ihm zu zeigen, wofür er dankbar sein dürfe. Doch bei allem, was ich vorgebracht habe, hatte er neue Einwände: Bei ihm sei das doch alles ganz anders. Ich habe mir dann abgewöhnt, das Positive gegen das Jammern zu setzen.

Heute frage ich anders: Warum brauchst du das Jammern eigentlich? Was bringt es dir, dass du alles so negativ siehst? Welche Strategie bezweckst du, alles negativ zu sehen? Oder ich sage einfach: Du siehst das so. Aber man könnte es ja auch anders sehen. Warum meinst du, dass gerade deine Sichtweise stimmt? Es ist deine Sache, das Leben so zu sehen, wie du es willst. Ich akzeptiere das. Aber ich an deiner Stelle würde mich für das Leben entscheiden anstatt dagegen. ∿

OKTOBER

Zeit zum Reifen

1. OKTOBER
Eins mit mir selbst – Stille

Es sind vielfältige Erfahrungen, die ich in der Stille mache. Manchmal habe ich das Gefühl, Gott schaut mich an. Und unter seinen Augen darf ich sein, wie ich bin. Ein andermal sehe ich nicht Gott als Gegenüber, ich bin in der Stille einfach eins mit mir selbst. Und in dieser Einheit fühle ich mich zugleich eins mit allem, was ist, eins mit der Schöpfung, eins mit den Menschen und eins mit dem Urgrund allen Seins, mit Gott. In dieser Erfahrung des Einsseins steht die Zeit still. Da fallen Zeit und Ewigkeit zusammen. Da sind Gott und Mensch eins. Himmel und Erde verbinden sich. ෴

2. OKTOBER
Einfach sein – Stille

Im Lärm unserer Welt und im Lärm unserer eigenen Gedanken sehnen wir uns immer wieder danach, still zu werden, unsere Seele im Schweigen zu baden. Mir geht es oft so nach Gesprächen und Vorträgen. Da ist mein Bedürfnis nach Kommunikation restlos gestillt. Da sehne ich mich einfach nach Stille. Die Stille ist absichtslos. Da muss ich nichts bringen, nichts geben. Da kann ich einfach sein, wie ich bin. In der Stille komme ich zu mir selbst. Da komme ich im eigenen Herzen an. Und das tut gut. Dauernder Lärm macht krank. Das haben viele Untersuchungen festgestellt. Stille tut nicht nur der Seele, sondern auch dem Leib gut. In der Stille können wir regenerieren. ෴

Stille ernährt

«Die Stille ernährt, der Lärm verbraucht», hat der Freiburger Schriftsteller Reinhold Schneider einmal gesagt. Wir sehnen uns heute vielleicht deshalb so sehr nach Stille, weil der Lärm der Gegenwart, der mit seinem hektischen Anspruch rund um die Uhr auf uns eindringt, so kräftezehrend ist.

Die Erfahrung Reinhold Schneiders ist nichts Neues. Aus dem alten Ägypten ist uns ein Spruch überliefert, der sagt: «Wer sich abhetzt, wird nie Vollkommenheit erlangen. Dazu gehören Ruhe und Stille.» Und vor über 150 Jahren hat der dänische Religionsphilosoph Sören Kierkegaard den Lärm einer immer lauter werdenden Welt als krankmachend beschrieben. Wenn er Arzt wäre, so meinte er, würde er als Heilmittel raten: «Schafft Schweigen!»

Unsere Welt ist nicht stiller und nicht ruhiger geworden. Umso notwendiger brauchen wir dieses Heilmittel. Nur so können wir zu uns selber kommen. Wir kommen nur zu uns selber, wenn wir still werden, wenn wir die störenden Einflüsse von außen nicht auf uns wirken lassen. Wir brauchen die Stille, um wir selbst zu werden, um ganz bei uns zu sein. Nur so wird ein menschenwürdiges Leben möglich. ∾

4. OKTOBER
Erntedank

Grund zum Danken haben wir das ganze Jahr und das ganze Leben hindurch. Am Erntedankfest danken wir in besonderer Weise für die Gaben der Schöpfung, die wir in der Ernte eingebracht haben. In vielen Kirchen werden die Früchte der Erde kunstvoll aufgebaut, um die Kirchenbesucher einzuladen, dankbar vor den Gaben der Schöpfung innezuhalten. Es geht aber nicht nur um die Ernte, die die Landwirte und Winzer einfahren. Dieses Fest ist auch Anlass, für all das zu danken, was wir als persönliche Ernte in diesem Jahr erlebt haben. ᧐

5. OKTOBER
Begegnung mit Vertrautem

Setze dich entspannt hin. Schließe die Augen. Stelle dir vor, du sitzt in deiner Wohnung an deinem Lieblingsplatz. Du spürst den Atem, wie er durch den Leib strömt. Und mit dem Atem strömt deine Zustimmung zu dir selbst.
Dann stelle dir vor: Es kommt ein Mensch, der dir vertraut ist, mit dem du dich gerne unterhältst. Wie würde das Gespräch ablaufen, wenn du ganz bei dir wärest und zugleich offen für den andern? Wenn du frei wärest von dem Druck, die Erwartungen des anderen zu erfüllen oder eine gute Figur zu machen, wenn du den andern bewusst wahrnehmen würdest, in seinem Gesicht, in seinen Worten, und wenn du antwortest, was wirklich aus deinem Herzen strömt? – Dann verabschiede dich von diesem Menschen. Spüre nach, dass du wieder ganz bei dir bist. ᧐

6. OKTOBER
Begegnung mit der Angst

Setze dich entspannt hin. Schließe die Augen. Du spürst den Atem, wie er durch den Leib strömt. Dann stell dir vor, dass ein Mensch zu dir kommt, der dich oft einengt und dir Angst macht, mit dem du nur ungern sprichst, mit dem du vielleicht gerade einen Konflikt hast. Wie würde das Gespräch ablaufen, wenn du ganz bei dir wärest, wenn du dir vom andern nicht die Spielregeln aufzwingen lassen würdest, wenn du dich nicht von den Worten des andern in die Enge treiben lässt? Wie könntest du den andern sehen, wenn du ihn nicht festlegst auf seine aggressive Art, sondern die Sehnsucht in ihm erkennst? Versuche, die Würde des andern zu beachten. Und stelle dir dann vor, was du ihm sagen und wie du zu ihm sprechen möchtest ... Dann verabschiede dich wieder und spüre nach, ob du ganz bei dir selbst bist. –
Eine solche Meditation kann eine gute Übung für dich sein, damit du gerade in schwierigen Situationen des Alltags aus der inneren Quelle heraus reagierst und dir nicht vom andern die Spielregeln vorschreiben lässt. Wenn du dir nur mit dem Willen vornimmst, zu allen Mitarbeitern freundlich zu sein, dann fällt dir der Vorsatz erst wieder ein, wenn dich jemand schon aus der Mitte herausgerissen hat. Wenn du dich aber in der Meditation in die Haltung der Gelassenheit hineinmeditiert hast, dann erinnern dich der kritische Blick oder die verletzenden Worte des Mitarbeiters an die Erfahrung, die du in der Meditation gemacht hast. Dann bist du wieder in deiner Mitte. Und wenn du bei dir bist, dann lässt du dich nicht mehr von außen bestimmen, sondern schöpfst aus der inneren Quelle. ∾

7. OKTOBER
Heilende Rituale

Erhart Kästner schreibt in seinem Buch «Stundentrommel» über die Riten, die er bei den Mönchen auf dem Berg Athos beobachtet: «Neben dem Drang, die Welt zu gewinnen, liegt ein eingeborener Drang, immer Selbes aus uralten Formen zu prägen. In Riten fühlt sich die Seele wohl. Das sind ihre festen Gehäuse ... Der Kopf will das Neue, das Herz immer dasselbe.» Was Kästner bei den Mönchen des Heiligen Berges beschreibt, gilt für uns alle: Ein gelingendes Leben braucht immer wieder Halt und Anregungen. Rituale können beides geben. Heilende Rituale sind ein Weg, wie der Mensch mitten im Getriebe des Alltags einen Ort des Ausruhens entdeckt. ∾

8. OKTOBER
Gemeinsamer Weisheitsschatz

Mich fasziniert es immer wieder zu sehen, wie sich alle Religionen – jenseits aller dogmatischen Unterschiede – in den wesentlichen Fragen immer wieder einig sind, wenn es um das rechte Leben geht. Spirituelle Autoren aus anderen Kulturkreisen und aus ganz unterschiedlichen geschichtlichen Hintergründen formulieren unsere eigenen Erfahrungen in einer anderen Sprache. Das zeigt uns, welch großen Schatz die Menschheit bereits hat. Er ist etwas Beständiges in den hektischen Veränderungen unserer Welt. Und es ist gut, auf diesen Schatz zurückzugreifen. Wenn ich mich immer wieder auf diese Einsichten beziehe, geht es um ein Miteinander der Weisheit, die uns verbindet. ∾

«Binde deinen Karren an einen Stern!»

Wer einen Karren fährt, muss gut auf den Weg achten. Sonst stürzt der Karren um. Wir schieben den Karren vor uns her und schauen nach unten, damit wir die Hindernisse sehen, die auf dem Weg liegen. Leonardo da Vinci gibt uns einen anderen Rat: «Binde deinen Karren an einen Stern!» Was bedeutet es, das Alltägliche, das wir tun, an einen Stern zu binden? Dieser große und geniale Künstler der Renaissance ist überzeugt: Wir müssen uns an den Sternen orientieren, nicht am Boden. Sonst – so meint er – werden wir blind. Leonardo selbst hat seinen Karren an einen Stern gebunden. Das hat ihn dazu befähigt, über den engen Horizont seiner Zeit hinauszusehen.

Leonardo war nicht nur ein genialer Maler; er hat auch mit seiner Fähigkeit, die Wirklichkeit neu zu betrachten, geniale Erfindungen gemacht. Der Stern, an den er seinen «Karren» gebunden hat, führte ihn weit über das damals Bekannte und Erkannte hinaus und machte ihn zum Wegbereiter moderner Naturforschung. Wenn wir «unseren Karren an einen Stern binden», entgehen wir der Gefahr, nur noch in der Banalität und Durchschnittlichkeit unseres Alltags zu leben.

Wir müssen in der Welt mit einem Herzen leben, das über diese Welt hinaus weist. Nur dann können wir es in dieser Welt aushalten. Und nur dann wird uns unsere Arbeit nicht frustrieren. Wer seinen Karren an einen Stern bindet, der sieht über die Hindernisse hinweg und bleibt nicht an ihnen haften. Sein Ziel liegt jenseits des Augenscheinlichen und Banalen. Deshalb kann er seinen Karren in Gelassenheit und Freiheit weiterziehen. ∾

Mach einen Umweg!

«Wenn du es eilig hast, mach einen Umweg», so lautet ein asiatisches Sprichwort. Wer zielgerichtet auf das losgeht, was er vollbringen möchte, ist oft so fixiert auf die kurzfristige Erfüllung seiner Aufgabe, dass er gar nicht bedenkt, was alles in den Blick genommen werden muss. Wer auf dem Weg zu seiner Aufgabe einen Umweg in Kauf nimmt, der gewinnt Zeit nachzudenken, was wirklich zu tun ist. Er wird die Aufgabe effektiver vollbringen, weil er einen größeren Horizont gewonnen hat. Und vielleicht sind ihm im Gehen Lösungen eingefallen, auf die er nie gekommen wäre, wenn er sich sofort an die Arbeit gemacht hätte. ᔍ

Im Kontakt mit meiner Mitte

Wer sich genau beobachtet, wird erkennen, wie oft er gedankenlos durch den Tag geht: Du nimmst gar nicht wahr, was du tust. Du lässt deinen Schlüsselbund liegen oder deine Brille. Weil du nicht bei dir bist, merkst du nicht, dass dir nicht nur der Schlüssel verloren geht, sondern du selbst. Du bist nicht bei dir. Und alles angestrengte Grübeln kann dich nicht wieder zu dir zurückbringen. Versuche es mit einem Gebet – komm in Berührung mit deiner kreativen Mitte. Da kommt dir auf einmal die Idee, wo du suchen könntest. Das gilt für alle schwierigen Situationen. Geh vom Problem weg. Komm in Kontakt zu deiner Mitte. Hier tauchen auf einmal kreative Lösungen auf. ᔍ

12. OKTOBER
Paradies der Formen und Farben

Im Steigerwald besitzt unsere Abtei Münsterschwarzach einen kleinen Hof, den Winkelhof, zu dem wir Mönche uns zurückziehen können. Er liegt mitten in wunderbaren Wäldern. Wenn ich im Herbst auf die bunten Wälder schaue, wie sie im Sonnenlicht erstrahlen, dann habe ich den Eindruck, dass Gott ein wunderbarer Maler ist. Er hat über die Bäume Farben ausgestreut, wie es kein Künstler besser könnte. Nicht umsonst sprechen wir vom goldenen Oktober, wenn die Blätter in der Sonne golden glänzen. Wenn ich ganz im Schauen aufgehe, dann erlebe ich eine tiefe innere Freude. Dann schaue ich in ein «Paradies der Formen und Farben». ☙

13. OKTOBER
Außen – innen ...

«Wer nach außen schaut, träumt. Wer nach innen blickt, erwacht» (C. G. Jung). Wer nur nach außen schaut, der lebt letztlich in einer Traumwelt. Er macht sich etwas vor. Er sieht nicht das Eigentliche. Erwachen heißt, nach innen schauen, in die Seele schauen. Nach innen schaut, wer auf seine Träume achtet, auf die Bilder, die im Traum aufsteigen und die ihm Wesentliches über seine Seele offenbaren. Nach innen schaut, wer auf die leisen Impulse achtet, die in seinem Herzen ertönen, sobald er still wird und schweigend horcht auf das, was ihm das Herz sagt. ☙

14. OKTOBER

Jenseits allen Glücksgefühls

Ein paradoxer Satz Franz Kafkas lautet: Ich werde glücklich sein, wenn ich darauf verzichte, das Glück zu spüren. Ich werde an das Unzerstörbare in mir glauben, wenn ich es aufgebe, das Unzerstörbare durch irgendwelche meditativen oder asketischen Techniken zu erreichen. Das Unzerstörbare ist in mir, auch wenn ich es nicht spüre. Gott ist in mir, auch wenn ich ihn nicht erfahre. Dieser Glaube an den unzerstörbaren Gott in mir schenkt das wahre Glück, das Glück jenseits aller Erfahrung, jenseits allen Glücksgefühls. ∞

15. OKTOBER

Mir selbst auf der Spur – Übung

Wo hast du dich als Kind eins gefühlt?
Was hast du am liebsten gespielt?
Welches Märchen war dein Lieblingsmärchen?
Welche Geschichten hast du geliebt?
Welche Vorbilder hast du gehabt?
Von wem hast du als Kind geschwärmt?
Was wolltest du selber von dem leben,
was dich an anderen fasziniert hat?
Was hat dich angesprochen (Natur, Gottesdienst, Spielen, Musik, Malen ...)?

Versuche, in all diesen Fragen nach deinem wahren Selbst zu suchen, nach dem ursprünglichen und unverfälschten Bild Gottes in dir! ∞

16. OKTOBER
Beziehungsphasen

Das Wesentliche, so ist Jesu Botschaft, liegt in der Seele jedes Einzelnen. Jeder hat etwas in sich, das über die Beziehungen hinausweist: Es ist der göttliche Kern in uns, die göttliche Berufung. Jeder empfängt von Gott einen Ruf, dem er folgen muss.

Konkret heißt das etwa: Es kann in einer Ehe auch Phasen geben, in denen ich mich mehr um diesen inneren Ruf kümmere als um die Beziehung. Ich sorge für mich, und wenn ich dann im Einklang bin mit mir selbst, kann ich mich auch wieder dem andern zuwenden. Aber ich bin nicht ständig auf die Angst fixiert, die Beziehung könne misslingen, der andere würde mich nicht verstehen oder er würde sich möglicherweise anders entwickeln.

Wenn ich um meine innerste Berufung weiß, vertraue ich darauf, dass auch der andere seine Berufung findet. Und wenn jeder in Einklang ist mit seinem innersten Kern, wird auch ein neues Miteinander möglich, ein Miteinander, das nicht von Angst und Vorsicht geprägt ist, sondern von Weite und Freiheit, von Vertrauen und Liebe. ∽

17. OKTOBER
Ich bin schon da!

Jeder Mensch strebt danach, glücklich zu sein. Doch je mehr er darauf fixiert ist, unter allen Umständen glücklich zu sein, desto weniger wird er es. Heute gibt es viele Bücher über das Glück. Zugleich hat man den Eindruck, dass die Menschen noch nie so unglücklich waren wie zu unserer Zeit. «Die Suche nach Glück ist eine der Hauptursachen des Unglücks!» (Eric Hoffer). Der chinesische Weise Chuang-Tzu sagt: «Glück ist die Abwesenheit des Strebens nach Glück!» Glücklich bin ich in dem Augenblick, in dem ich im Einklang bin mit mir, in dem ich mich selbst vergessen kann. Ich strebe dann nach nichts. Ich bin einfach da. Ich bin frei von allen Zwängen, von allem Druck, etwas erreichen zu müssen. ∾

18. OKTOBER
Das Glück ist in uns

Viele meinen, Glück könne man machen oder irgendwo finden, auf einer schönen Reise, an einem Wellness-Wochenende oder im sportlichen Erfolg. Doch das Glück sollen wir nicht irgendwo außerhalb unserer selbst suchen. Es ist schon in uns. Wir müssen bloß in uns hineinschauen und dort den Reichtum unserer Seele entdecken. Es ist in uns, wenn wir Ja sagen zu uns selbst, wenn wir dankbar sind für unser Leben und für die tausend kleinen Dinge, die uns täglich geschenkt werden. ∾

19. OKTOBER

Keine Einbildung

Engel sind personale Mächte, das heißt: Sie sind keine Personen in unserem Sinn, keine individuellen Wesen, die wir klar abgrenzen und beschreiben können. Aber sie sind Mächte und Kräfte, ihr Erscheinen ist keine Einbildung. Sie können uns begegnen, und sie helfen uns auf unserem Weg der Selbstwerdung, der Personwerdung. Engel bringen uns in Berührung mit unserer Seele, mit dem inneren Raum der Liebe und Freiheit. Das kann im Traum geschehen, in einem Wort, das uns ein Mensch im rechten Augenblick sagt. Das kann der innere Einfall sein, in dem ein Engel zu uns spricht. ∽

20. OKTOBER

Spiritualität ist Erfahrung

Spiritualität führt immer in die Weite und Freiheit. Angst und Enge, autoritäres Pochen auf Glaubenswahrheiten und unklare Machtausübung sind immer Zeichen mangelnder Spiritualität. Spiritualität ist Erfahrung. Sie will uns zur Erfahrung einer inneren Freiheit führen, zur Erfahrung, dass wir zwar in dieser Welt, aber nicht von ihr sind. Das ist Mystagogie, den Menschen, der sich heute nach spiritueller Erfahrung sehnt, in die Erfahrung des unaussprechlichen Gottes einzuweisen und ihm so zu seiner wahren Würde zu verhelfen. Denn der Mensch wird erst Mensch, wenn göttliches Leben in ihm strömt. Die Begegnung mit diesem Geheimnis führt zum Geheimnis des eigenen Lebens. ∽

21. OKTOBER
Unerfüllte Sehnsucht

Ohne Sehnsucht gibt es keine Religion, gibt es keinen Glauben, keine Spiritualität. Dorothee Sölle hat dies einmal so formuliert: «Da der umfassende Sinn des Lebens nicht sichtbar oder feststellbar ist (es sei denn für tränenlose Augen), entsteht das religiöse Bedürfnis immer wieder am Mangel, am Fehlen von Vergewisserung; Zweifel und unerfüllte Sehnsucht begleiten die religiöse Erfahrung. Dieser Schmerz kann nur um den Preis der Religiosität selbst vermieden werden.» Für die Theologin gehört die unerfüllte Sehnsucht also wesentlich zur Religiosität: In der Religion binde ich mich an etwas, was ich nicht zu fassen vermag, was mich über mein Erkennen hinausführt in eine Welt jenseits des Sichtbaren und Begreifbaren. ∾

22. OKTOBER
Da schmeckt das Leben

Lust am Leben, das kann heißen, dass ich ganz im Augenblick bin, dass ich durch einen herbstlichen Wald wandere und mit allen Sinnen wahrnehme, was sich mir da anbietet. Ich schaue dem Spiel des Lichtes zu, wie die Sonne durch den Laubwald hindurchscheint und die grünen und bunten Blätter in farbigem Licht aufleuchten lässt. Ich lasse die milden Sonnenstrahlen in meine Haut dringen. Ich rieche den Geruch des Waldes, der alle Augenblicke wechselt. Da habe ich Lust am Leben, da koste ich den Geschmack des Lebens. ∾

23. OKTOBER
Ich selbst sein

Selbstvertrauen zu gewinnen ist für viele Menschen eine ganz schwierige Aufgabe. Es gibt in der Bibel dazu eine Geschichte, die in diesem Zusammenhang hilfreich ist. Christus sagt nach seiner Auferstehung zu den Jüngern, die auf sein Eintreten in ihren Kreis mit Angst reagierten: «Ich bin es selbst» (Lukas 24,39). Das hat eine tiefere Bedeutung. Denn das griechische Wort für «selbst» ist für die stoische Philosophie das innere Heiligtum des Menschen, der innere Kern, das wahre Selbst. In der Auferstehung ist Jesus zu seinem wahren Selbst geworden.

Menschen, die Probleme mit ihrem Selbstwertgefühl haben, rate ich, folgendes Ritual zu üben: Sie sagen sich immer wieder vor: «Ich bin ich selbst.» Sie werden spüren, dass Sie oft nicht Sie selber sind. Wenn Sie in einen Raum kommen, passen Sie sich an, damit Sie dort angenommen werden. Wenn Sie in einem Gespräch sind, geben Sie sich so, dass die anderen mit Ihnen zufrieden sind. Sie richten sich nach deren Erwartungen. Nehmen Sie es sich ganz konkret vor, sich tagsüber immer wieder einmal vorzusagen: «Ich bin ich selbst.» Sagen Sie sich diesen Satz, wenn morgens der Wecker schellt. Dann werden Sie nicht von den Terminen bestimmt, die an diesem Tag auf Sie warten. Sie werden innerlich frei aufstehen. ☙

24. OKTOBER
Häutungen

Der Mystiker Johannes Tauler hat für das Phänomen der geistigen und geistlichen Entwicklung ein schönes Bild gefunden. Er verwendet das Bild von der Schlange, die ihre Haut abstreift. Sie häutet sich, damit eine neue Haut wachsen kann. Sie sucht zwei eng zusammenliegende Steine und schlängelt sich durch diese Enge hindurch. Auf diese Weise kann sie die alte Haut abstreifen. So müssen auch wir in unserem Leben durch manchen Engpass hindurch. Dann verwandelt sich unser Leben wirklich. Dann werden wir innerlich erneuert. ∾

25. OKTOBER
Mit der Sehnsucht in Berührung

Für Jesus ist das Gebet der Weg, mit unserer Seele in Berührung zu kommen und sie zu stärken gegenüber den Kräften und Mächten dieser Welt. Jesus spricht vom unablässigen Gebet. Wer im Gebet ist, der ist auch mit seiner Seele in Kontakt. Der spirituelle Weg ist der Weg der Seele. Für Augustinus heißt beten: mit der Sehnsucht der Seele in Berührung kommen. Wenn ich bete, spüre ich, dass ich nicht aufgehe im äußeren Tun, in Erfolg und Misserfolg, in gelungenen und misslingenden Beziehungen. In mir ist eine andere Welt, die göttliche Welt, in der meine Seele zu Hause ist. Dort blüht meine Seele auf. Und niemand kann sie mehr beschneiden und beschränken. ∾

26. OKTOBER
Weg zur eigenen Wahrheit

Gebet hat nicht nur heilende Kraft hat, wie es heute viele wissenschaftliche Forschungen belegen, sondern im Gebet kommen wir auch mit der eigenen Wahrheit in Berührung. Jesus ist in seiner Person Vorbild für gelingendes Leben. Ein wichtiger Aspekt ist dabei sein Gebet. Im Gebet wird Jesus verklärt. Während er bei der Taufe betet, öffnet sich der Himmel. Das Gebet ist der Ort, an dem Jesus die Nähe seines Vaters spürt und frei wird von den Erwartungen der Menschen. Da kommt er mit seinem Wesen in Berührung. Da spürt er, wer er eigentlich ist und wo er wahrhaft zu Hause ist: im Haus seines Vaters. ∾

27. OKTOBER
Der Alltag zeigt's

Ich erlebe immer wieder Menschen, die von ihren Gotteserfahrungen schwärmen. Aber wenn ich sie nach ihrem Alltag frage, wann sie aufstehen, wie sie ihre Arbeit verrichten, dann wird deutlich, dass ihr Leben ein einziges Chaos ist. Sie fliehen vor dem Chaos in die Spiritualität. Doch das ist keine reife Spiritualität. Wer sich Gott gegenüber geöffnet hat, der ist auch offen für die alltäglichen Verpflichtungen. ∾

Mancher Rat ist unbequem

«Höre auf den Rat derer, die dich lieben, auch wenn du ihn nur schwer einsehen kannst!» (Jüdische Weisheit). Mancher Rat passt uns gar nicht. Vielleicht ärgert er uns sogar! Doch wenn wir wissen, dass der andere uns liebt, dann sollten wir ihn ernst nehmen: Weil er uns liebt, fordert er uns mit seinem Ratschlag heraus, traut er uns etwas zu.

Oft ärgert uns der Rat des anderen, gerade weil er die eigene Einsicht bestätigt. Eigentlich wussten wir schon, was wir tun sollten. Doch etwas in uns sträubte sich dagegen. Vielleicht ist uns der Weg zu beschwerlich Und so haben viele Rationalisierungen die eigene Einsicht verdunkelt und entwertet. Das Gefühl weiß: Eigentlich müsste man diese Aufgabe loslassen. Doch dann kommen die Überlegungen: «Ich will nicht als unzuverlässig erscheinen» – «Was denken die andern von mir?» – «Ich will sie nicht enttäuschen ...» Und so behält man die Aufgabe, obwohl man den Widerstand in sich spürt und ständig müde ist.

Wenn ein anderer nun rät: «Lass die Aufgabe! Gib deine Ämter in diesem Verein auf!», dann bringt einen das mit einem wahren Impuls in Berührung. Aber zugleich melden sich die Rationalisierungen wieder zu Wort, und man spürt: «Ich darf mir jetzt nichts mehr vormachen. Der andere hat Recht.» Aber das einzusehen und zu befolgen, ist nicht einfach. Man müsste seine Lebensmuster, bei anderen beliebt sein und ihre Erwartungen erfüllen zu wollen, ablegen. Man müsste sein Lebensgebäude auf einem ganz anderen Grund aufbauen.

Es lohnt sich, es zu versuchen. ∾

29. OKTOBER
Die Kunst des Älterwerdens

«Mit dem Alter ist es wie mit allem. Man muss früh damit anfangen, um darin erfolgreich zu sein.» Fred Astaire hat das gesagt und damit zum Ausdruck gebracht: Gut zu leben vermag nur, wer sein Älterwerden bejaht und die Chance des Alters nutzt. Statt an meiner Jugend so lange festzuhalten, wie es nur irgend geht, rät er, das Altwerden zu bejahen. Das heißt, dass ich bereit bin, loszulassen, Neues zu akzeptieren. Nur wer loslässt, bleibt lebendig. Schon der junge Mensch muss die Jugend loslassen, um erwachsen zu werden. In der Lebensmitte muss er manche Träume loslassen die er sich vom Leben gemacht hat. Wenn er pensioniert wird, muss er seine Arbeit loslassen, mit der er sich identifiziert hat. Er muss andere Werte in sich entfalten, damit er lebendig bleibt. ᴄᴡ

30. OKTOBER
In einem milden Licht

Altwerden, das ist die Chance, reif zu werden. Sich mit einem Alten zu unterhalten, der wirklich weise ist, das tut allen gut. Altersweisheit ist wie ein mildes Licht, das auf unser Leben fällt. In diesem milden Licht wagen wir, unser Leben anzuschauen, wie es ist. Aber Altwerden geht nicht ohne Schmerzen. Es heißt: sein Leben bewusst leben, es annehmen auch mit allen seinen schwierigen und schmerzhaften Aspekten. Wir müssen Abschied nehmen von der Illusion, dass wir uns immer in der Hand oder «im Griff» haben können. ᴄᴡ

Einsamkeit hat zwei Gesichter

Wir können unter ihr leiden. Und wir können sie auch als eine Kraft erfahren, die uns stärkt. Wir können sie dann positiv erleben: als einen inneren Raum, der uns zu uns selber kommen lässt. Allein fühlen kann man sich auch unter vielen Menschen. Gerade heute beklagen sich viele, dass sie sich mitten in den belebten Städten allein und isoliert fühlen. Doch in der spirituellen Tradition hat Alleinsein einen hohen Stellenwert. Es gehört wesentlich zum Menschsein.

Paul Tillich, der evangelische Theologe und Philosoph, meint sogar, Religion sei das, was jeder mit seiner Einsamkeit anfange. Die Mönche im 4. Jahrhundert hatten sich aus der Welt zurückgezogen, um in der Wüste mit Gott allein zu sein. Doch in der Einsamkeit der Wüste fühlten sie sich nicht allein oder gar verlassen. Sie spürten vielmehr eine neue Verbundenheit mit allem, was ist. Sie fühlten sich eins mit dem Grund allen Seins, «all-eins». ✑

NOVEMBER
Zwischen Zeit und Ewigkeit

1. NOVEMBER
Gemeinschaft über den Tod hinaus

Das Gedenken an die Toten gehört zum Leben. Am 1. November feiern katholische Christen das Fest Allerheiligen und am 2. November Allerseelen. Beide Feste gehören zusammen. Das Fest Allerheiligen lenkt unseren Blick zum Himmel. Wenn wir Gottesdienst feiern, tun wir das in Gemeinschaft mit allen Heiligen. Es ist ein hoffnungsvolles Fest. Es zeigt uns, dass auch unser Leben geheilt und geheiligt werden wird, wenn wir uns wie die Heiligen in unserer Brüchigkeit der heilenden Liebe Gottes aussetzen. Das Fest Allerseelen lädt uns ein, unserer Verstorbenen zu gedenken und die Gemeinschaft mit ihnen wahrzunehmen.

In Bayern halten die katholischen Gemeinden schon am Nachmittag des Allerheiligenfestes – da es in Bayern Feiertag ist – auf dem Friedhof eine Gedenkfeier. Gerade in ländlichen Gegenden ist der Friedhof dann voller Leute. An diesem Tag kommen die Menschen aus nah und fern, um gemeinsam die Gräber zu besuchen und sich der Verstorbenen zu erinnern.

In unserer Familie war es üblich, dass nach dem Besuch des Friedhofs alle zu einer Familienfeier zusammenkamen. Es war eine gute Gelegenheit für die Geschwister, die aus verschiedenen Orten zusammenkamen, sich wieder einmal zu sehen und sich gegenseitig zu erzählen, was ihnen die verstorbenen Eltern bedeuten. ᦞ

2. NOVEMBER
Himmel und Erde

An Allerseelen gedenken wir gemeinsam unserer Verstorbenen. Jeder Einzelne hält jedoch den Sterbetag seiner Eltern, seines Ehepartners, seiner Kinder und seiner nächsten Verwandten heilig. In der katholischen Kirche ist es Brauch, am Sterbetag lieber Menschen eine heilige Messe zu feiern. Es ist gut, wenn die Familie oder die Verwandten am Sterbetag dies tun und sie bewusst als Feier der Gemeinschaft mit dem Verstorbenen feiern. Während wir Eucharistie feiern, feiern die Verstorbenen das ewige Hochzeitsmahl im Himmel. Die Grenze zwischen Himmel und Erde, zwischen Leben und Tod wird aufgehoben. ∾

3. NOVEMBER
Balance – Bilanz – Gleichgewicht

Schon die Sprache zeigt: Die gleiche Wurzel wie in «Balance» steckt auch in der «Bilanz». Die Bilanz bringt Soll und Haben, Gewinn und Verlust, Ausgaben und Einnahmen ins Gleichgewicht. Unternehmer rechnen beides gegeneinander auf und hoffen, dass sie am Jahresende eine ausgeglichene Bilanz vorlegen können. Was für das Ergebnis des Unternehmens gilt, haben wir auch auf unser persönliches Leben übertragen. In diesem Sinne spricht man von «Lebensbilanz». Wir möchten, wenn wir eine solche Bilanz ziehen, gerne, dass sich Erfüllung und Enttäuschung, Höhen und Tiefen, Freude und Leid ausgleichen. Wir möchten innerlich im Gleichgewicht bleiben. ∾

4. NOVEMBER
Das Glück des Trostes

Das Glück, das Jesus den Trauernden zuspricht, ist der Trost: «... denn sie werden getröstet werden.» Wenn die Bibel die meisten Glücksverheißungen der Bergpredigt im Passiv ausdrückt, so meint sie damit, dass Gott es selbst ist, der tröstet. Trost ist Festigkeit. Wer sein ungelebtes Leben, die Defizite und die Verluste seines Lebens betrauert, der bekommt einen neuen Stand im Leben. Er hat festen Boden unter den Füßen. Er vermag, zu sich zu stehen. Er bekommt Stehvermögen. Das griechische Wort für Trost bedeutet wörtlich: «herbeirufen, beistehen». Wenn einer seine Defizite anerkennt, dann erfährt er darin den Beistand Gottes. Gott steht ihm bei, dass er durch das Defizit hindurch in Berührung kommt mit seinem eigentlichen Wesen, mit dem Potential, das in seiner Seele schlummert. Oder anders ausgedrückt: Das, was ich nicht leben kann, wird durch das Betrauern herbeigerufen. Es kommt von einer anderen Seite her neu auf mich zu. ᘓ

5. NOVEMBER
Kein Glück ohne Schmerz

Jeder Mensch will glücklich sein. Das erleben wir heute zur Genüge. Es gibt viele Glücksbücher, die auf schnelle Art und Weise Glück verheißen. Doch wer immer nur seinem Glück nachläuft, der verfehlt es. Wer unbedingt glücklich sein will, wird eher unglücklich. Es gibt zwar das Sprichwort: «Jeder ist seines Glückes Schmied.» Wir können durchaus etwas tun für unser Glück. Aber wir können es nicht einfach machen, indem wir es uns in einem Wellness-Hotel gutgehen lassen oder bestimmte Diäten essen. Glück setzt eine innere Haltung voraus, die Haltung des Sich-beschenken-Lassens und die Haltung, dankbar anzunehmen, was Gott mir schenkt. Und Glück ist nur möglich, wenn ich das Ganze meines Lebens annehme. Und dazu gehören auch die Schattenseiten meines Lebens. Dazu gehören auch Leid und Dunkelheit. Dazu gehören Krisen und Scheitern. ∾

6. NOVEMBER
«Soll das alles gewesen sein?»

Gerade wenn wir uns am sichersten glauben, kann der Einbruch kommen. Eine weit verbreitete Krise, in die fast alle Menschen geraten, ist die Krise der Lebensmitte. Das bisherige Gleichgewicht gerät aus den Fugen. Selbstsichere Männer werden auf einmal von Gefühlen gebeutelt oder von Albträumen heimgesucht, die sie nicht mehr ruhig schlafen lassen. Das bisher Verdrängte meldet sich zu Wort. Frauen, die sich bisher liebevoll um die Familie gekümmert haben, brechen auf einmal aus der Enge aus und wollen nur sich selbst verwirklichen. Und Männer und Frauen fragen sich in der Lebensmitte: «Soll das alles gewesen sein?» Es hat keinen Sinn, diese Krise zu unterdrücken. Denn dann würde sich das Leben immer mehr reduzieren. Die Krise ist immer auch eine Chance, dass etwas Neues wächst. Die Krise der Lebensmitte stellt uns vor die Herausforderung, ein neues Gleichgewicht zwischen Verstand und Gefühl, Pflicht und Lust am Leben, zwischen Verantwortung und Freiheit, zwischen Bewusstem und Unbewusstem herzustellen. ∾

7. NOVEMBER
Ganz im Augenblick

Indem wir ganz im Augenblick sind, fallen Vergangenheit und Zukunft in eins. Schweigend kann ich versuchen, ganz im Augenblick zu sein. Dann taucht eine Ahnung auf, dass da Zeit und Ewigkeit miteinander eins sind. Das ist das tiefste Geheimnis der Zeit, dass die Ewigkeit selbst einbricht in unsere Zeit, dass im Augenblick das Rinnende der Zeit aufgehoben ist und die Zeit stehen zu bleiben scheint. Dann ahnen wir, dass Himmel und Erde eins sind, Zeit und Ewigkeit, Gott und Mensch. ∾

8. NOVEMBER
Ängste können Kräfte sein

Sigmund Freud meint, Angst entstehe im Kind, wenn es die wichtigen Triebregungen wie Sexualität und Aggression unterdrücke. Das ist sicher ein mögliches Erklärungsmodell für viele Ängste, vor allem für Ängste, die keinen realen Hintergrund haben. Solche Ängste werden oft durch zwanghaftes Verhalten abgewehrt. Die Angst vor der eigenen Aggression versuchen manche durch besonders angepasstes Verhalten zu überwinden. Eine zu sanfte Stimme weist oft auf unterdrückte Aggression hin.
Psychologen erklären heute die Ursachen der Angst anders als die klassische Psychoanalyse. Für die Verhaltenstherapie ist «Angst eine Emotion, die auf einer Bewertung einer bedrohenden Situation beruht» (Verena Günther). Das heißt: Oft bewerten wir eine Angstsituation unangemessen und unrealistisch. Dann reagieren wir auf kleine Gefahren schon mit großer

Angst. Beides ist wohl wichtig: die Ursachen in der Kindheit zu erforschen und sich zu fragen, wie ich jetzt diese konkrete Situation bewerte. Oft bewerten wir falsch, weil sich die Bewertungsmuster aus der Kindheit in unserer Seele festgesetzt haben. ⚬

9. NOVEMBER

«Was werden die andern denken?»

Wir sagen von der Angst, dass sie uns lähmt. Wir fühlen uns gehemmt, weil wir Angst haben, aus uns herauszugehen, uns zu zeigen, etwas zu sagen, was von den andern kritisiert werden könnte. Oder wir haben Angst, einen Fehler zu machen. Wir sind wie blockiert. Ein Felsbrocken lastet auf unseren Schultern und hält uns davon ab, aufzustehen und den Weg zu gehen, der uns zum Leben führt. Wir tun lieber gar nichts, als möglicherweise etwas falsch zu machen. ⚬

Der Weg aus der Angstfalle

Wir haben Angst vor dem Urteil der andern. Die Frage ist, warum wir uns so vor dem Urteil der andern fürchten. Es ist häufig die Unsicherheit der eigenen Identität gegenüber. Wir spüren unseren eigenen Wert nicht und bewerten uns selbst aufgrund des möglichen Urteils der andern.

Der einzige Weg ist, vom Kopf in den Leib zu gehen, das heißt auf einer ganz elementaren Ebene mit sich selbst in Berührung zu kommen. Ich muss mir bewusst machen, dass ich nicht bei mir selber bin, sondern bei den andern und ihren Gedanken oder Worten. Wenn mir das klar geworden ist, dann kann ich versuchen, mich zu spüren und bei mir zu sein. Das befreit mich von den ständigen Überlegungen, was die andern wohl denken mögen. ᴄᴜ

11. NOVEMBER

Das unbekannte Neue

Das Neue, das uns Gott verheißt, ist immer der Tod des Alten. Wir möchten an uns und unserem Leben festhalten. Wir haben uns eingerichtet und möchten nicht von Neuem beginnen. Das Neue fordert uns heraus, das Alte loszulassen. Das Alte kennen wir. Vom Neuen wissen wir nicht, was es mit sich bringt. Wenn in einer Gemeinschaft neue Ideen geäußert werden, befürchten viele, die sich bisher in der Gemeinschaft wohlgefühlt haben, sie würden das Vertraute verlieren. ᴄᴜ

12. NOVEMBER
Der Engel der Trauer

Der Engel der Trauer kann dich nicht vor dem Schmerz bewahren, den jede Trauer für uns bedeutet. Du musst dich dem Schmerz stellen. Aber du darfst gewiss sein, dass du nicht allein bist mit deinem Schmerz, dass der Engel der Trauer dich darin begleitet und dass er deinen Schmerz in neue Lebendigkeit verwandeln wird. Vielleicht wird dir der Engel der Trauer auch Menschen schicken, die dir beistehen in deiner Trauer, die dich verstehen, die mit dir fühlen und dir helfen, die Augen wieder zu öffnen für das, was sich dir jetzt als neue Möglichkeit erschließt. ༔

13. NOVEMBER
Der Engel des Trostes

Seit je haben die Menschen in ihrem Schmerz den Engel des Trostes beschworen, dass er zu ihnen kommen und bei ihnen bleiben möge. Eindrucksvoll hat das Johann Sebastian Bach in seiner Tenorarie aus der Kantate zum Michaelisfest besungen: «Bleibt ihr Engel, bleibt bei mir! Führet mich auf beiden Seiten, dass mein Fuß nicht möge gleiten.» Es ist ein inbrünstiges Lied, das darauf vertraut, dass wir nicht alleingelassen sind mit unserem Leid, sondern dass die Engel Gottes uns begleiten und bei uns bleiben und ausharren, bis sich unser Schmerz in ein Danklied verwandelt. ༔

14. NOVEMBER
Getröstete Trauer

Ich wünsche dir, dass dich in deiner Trauer auch ein Engel tröstet, dass er dir wieder Standfestigkeit verleiht, wenn du ins Wanken geraten bist, dass er gute Worte zu dir spricht, wenn du vor Schmerz sprachlos geworden bist, dass er dich in deiner Einsamkeit besucht und dir das Gefühl vermittelt, dass du nicht mehr allein bist. Wenn du um den Engel des Trostes weißt, dann kannst du dich getrost deiner Trauer stellen. Die getröstete Trauer wird dich nicht mehr lähmen, sondern dich tief in das Geheimnis deines eigenen Seins führen und in das Geheimnis Jesu Christi, der herabgestiegen ist in unsere Trauer als der «Trost der ganzen Welt». ∽

15. NOVEMBER
Neue Flügel

Immer wieder erleben wir, wie eine Beziehung zerbricht, wie wir vor dem Scherbenhaufen unseres eigenen Lebens sitzen. Wir sind gescheitert. All die Ideale, die wir verwirklichen wollten, haben sich als Illusionen herausgestellt. Jetzt sitzen wir da, enttäuscht, desillusioniert, ohne Schwung. Ein Mann meinte einmal nach einer zerbrochenen Beziehung, er fühle sich, als ob man ihm die Flügel abgeschnitten habe. Der Engel der Trauer möchte dich davor bewahren, flügellahm durchs Leben zu gehen. Er möchte dir neue Flügel geben, damit du dich in die Lüfte erheben und dich den Aufgaben stellen kannst, die jetzt für dich dran sind. ∽

16. NOVEMBER
Angst vor dem Tod

Trotz der frohen Botschaft von der Auferstehung Jesu ist die Todesangst auch heute noch ein zentrales Thema im Leben jedes Menschen. Der amerikanische Psychoanalytiker Irwin Yalom meint, die klassische Psychoanalyse habe das Thema der Todesangst verdrängt. Seine Überzeugung ist: Jede Psychologie, die dem Menschen wirklich helfen möchte, muss auf diese Urangst eine Antwort geben. Häufig erkennt man im therapeutischen Prozess die verdrängte Todesangst nicht. Denn sie versteckt sich hinter anderen Ängsten. Wir versuchen, die Angst vor dem Tod zu mildern, indem wir sie auf konkrete Situationen beziehen. Yalom sieht hinter vielen Symptomen, die auf den ersten Blick nichts mit unserer Einstellung zum Tod zu tun haben, eben doch verdrängte Todesangst als die tiefste Ursache. Er hat die Erfahrung gemacht, dass der Heilungsprozess nur dann erfolgreich ist, wenn die tiefer liegende Todesangst bearbeitet wird. So behandelte er einen Mann, der von zwanghafter Sexualität beherrscht wurde. Dieser Mann, Bruce, hatte acht Jahre Therapie hinter sich, ohne Erfolg. Schließlich entdeckte Yalom, dass seine zwanghafte Sexualität nur dazu diente, der Begegnung mit dem Tod auszuweichen. Seine Suche nach einer Frau war «nicht wirklich die Suche nach Sex, ... sondern war stattdessen eine Suche, die es Bruce ermöglichte, seine Todesangst zu verleugnen und zu besänftigen». Ein anderer Patient, der viele selbstdestruktive Symptome zeigte, erkannte schließlich in der Therapie: «Ich habe meine Todesfurcht durch Unterwerfung gelöst.» ❧

«Ja, ich werde sterben»

Oft ist die Todesangst irrational. Sie taucht aus der Tiefe des Unbewussten auf, ohne dass uns der Glaube davon befreien könnte. Und in diesem Augenblick hilft auch der Glaube nicht weiter. Eine Frau, die, zwölfjährig, mit dem Fahrrad unter einen Lastwagen geriet, hatte in ihrer Jugend diesen Unfall und das damit zusammenhängende Trauma gut verarbeitet. Doch mit 40 Jahren bekam sie auf einmal Angst, eine Straße zu überqueren. Ja, sie konnte kaum mehr aus dem Haus gehen. Sie war von der Vorstellung besetzt, sie könne tot umfallen. Für diese Frau war ihr Glaube sehr wichtig, sie betete und meditierte regelmäßig. Doch der Glaube konnte sie nicht von ihrer Todesangst befreien. Die Angst stieg einfach in ihr auf und sie war ihr ohnmächtig ausgeliefert. Ich riet ihr, sie solle sich von ihrer Todesangst immer wieder an Gott erinnern lassen. Sie solle sich vorsagen: «Ja, ich werde sterben, ob jetzt oder später, das weiß ich nicht. Mein Leben ist begrenzt. Ich werde im Tod zu Gott kommen. Aber jetzt in diesem Augenblick lebe ich. Und diesen einen Augenblick will ich bewusst leben, vor Gott und in Gott.» Sie hörte auf, gegen die Todesangst zu kämpfen, sondern ließ sich von ihr immer wieder auf Gott verweisen. Ihre Todesangst wurde für sie zur Begleiterin auf ihrem Weg zu Gott. Sie war nach wie vor manchmal sehr bedrohlich für sie. Aber je mehr sie sie als Freundin annahm, desto mehr konnte sie die Angst entmachten. ∾

18. NOVEMBER

Unser wahrer Glanz

Die Todesangst gehört wesentlich zu uns Sterblichen. Wir können ihr nicht ausweichen. Wir sollen uns mit ihr anfreunden, mit ihr sprechen und uns von ihr immer wieder auf Gott verweisen lassen. Dann wird sie uns daran erinnern, dass wir Menschen sind und nicht Gott, dass wir sterblich sind und nicht unsterblich. Doch in unserer Sterblichkeit begeben wir uns zu Gott. In ihm wird unsere Sehnsucht nach ewigem Leben erfüllt. Wenn wir Gott begegnen, werden wir nicht aufgelöst, sondern da wird unser innerster Kern, unsere Person, für immer gerettet. ∽

19. NOVEMBER

Abschied tut weh

Sich von einem Menschen verabschieden zu müssen, den man liebgewonnen hat, kann einem das Herz zerreißen. Wir können den andern nicht festhalten. Er möchte seinen Weg gehen, und er muss ihn gehen, damit sein Leben gelingt. Unser Leben kennt tausend Abschiede. Wir müssen uns von einer vertrauten Umgebung verabschieden, weil wir an einem andern Ort studieren möchten, weil wir anderswo eine Arbeit gefunden haben. Jede Veränderung verlangt einen Abschied. Und nur wenn der Abschied gelingt, können wir uns auf das Neue wirklich einlassen, kann Neues in uns wachsen. Viele möchten am liebsten alle Menschen festhalten, mit denen sie vertraut geworden sind. Aber es gibt auch Freundschaften, die nur eine Zeit lang gut sind. Da wäre es Zeit, wirklich Abschied zu nehmen. ∽

20. NOVEMBER
Abschied von der Kindheit

Abschied gilt es nicht nur von Menschen zu nehmen. Wir müssen uns auch verabschieden von Gewohnheiten, von Lebensabschnitten, von Lebensmustern. Viele können nicht gut leben, weil sie noch an den Verletzungen ihrer Kindheit hängen. Sie machen immer noch ihren Eltern einen Vorwurf, dass sie sie so eng erzogen haben, dass sie ihren Bedürfnissen nicht gerecht geworden sind. Um hier und heute bewusst leben zu können, muss ich mich verabschieden von den Kränkungen meiner Kindheit. Ich bin hier und jetzt für mein Leben verantwortlich. ∞

21. NOVEMBER
Notwendige Abschiede

Ganz gleich, wie meine Kindheit war, ich kann jetzt etwas aus dem machen, was ich mitbekommen habe. Keiner hat nur gute und keiner nur schlechte Erfahrungen gemacht. All das Gute können wir aber nur entdecken, wenn wir uns bewusst von den Eltern verabschiedet haben. Wer nie von seiner Kindheit Abschied genommen hat, der wird immer infantile Wünsche an seine Umgebung haben. Wer sich nie von seiner Pubertät verabschiedet hat, der wird immer in seinen Illusionen gefangen sein, die er sich vom Leben ausgedacht hat. Wir müssen Abschied nehmen von unserer Jugend, wenn wir erwachsen werden wollen, von unserem Beruf, wenn wir älter werden. Vor allem aber müssen wir Abschied nehmen von den Verletzungen unserer Lebensgeschichte. ∞

Geschmack von Ewigkeit

Ewigkeit – sie meint nicht eine lange Zeitperiode. Sie ist eine eigene Qualität. Wenn der Mensch sich ganz auf den Augenblick einlässt, kann es sein, dass die Ewigkeit in seine Zeit einbricht. Die Zeit steht dann still. Solche Augenblicke geben einen Geschmack von Ewigkeit. Mystiker und Mystikerinnen haben immer wieder von solchen Erfahrungen von Ewigkeit gesprochen, und jede wirkliche Gotteserfahrung ist auch eine Erfahrung von Ewigkeit. Denn wenn ich mit Gott eins bin, bin ich ganz eins mit allem, was ist. Dann fallen Zeit und Ewigkeit zusammen. In einem Augenblick solchen Einsseins fallen alle Gegensätze zusammen. Wenn ich in der Kontemplation mit Gott eins werde, mit Gott verschmelze, dann hört in diesem Augenblick die Zeit auf. Es ist ein Augenblick reiner Gegenwart. Gegenwart und Zukunft fallen zusammen. Ich denke nicht über Vergangenes nach, ich plane nichts Zukünftiges. Von einem solchen Augenblick können wir oft nicht sagen, wie lange er dauert. Die Zeit steht still, weil Gott selbst uns berührt hat.

Wenn ich ganz im Augenblick bin, wenn ich ganz eins bin mit mir, dann schaue ich hinter den Schleier der Welt, auch hinter den Schleier der Zeit, dann habe ich jetzt schon teil am ewigen Geschmack Gottes, an der Ewigkeit. Wenn wir mit Gott eins werden in der Liebe, dann wird die Zeit aufgehoben, dann ist Ewigkeit mitten in der Zeit, dann bekommt unser Leben mitten in dieser Zeit ewigen Bestand. ❧

Ganz Auge, ganz Ohr

In der Sinnlichkeit, in der Erfahrung der Lust mit allen Sinnen, steckt die Sehnsucht nach Ewigkeit. Auch hier meint Ewigkeit keine lange Dauer. Lust kann gar nicht über lange Zeit erfahren werden. Wenn ich mich vergesse, wenn ich ganz aufgehe in dem, was ich tue, was ich fühle, was ich bin, erlebe ich Ewigkeit im Augenblick. Und ich bin gerade dann ganz im Augenblick, wenn ich mich auf eine sinnliche Erfahrung einlasse, wenn ich zum Beispiel ganz Auge bin oder ganz Ohr und nur das eine wahrnehme. Indem ich mich ganz einlasse auf einen Sonnenuntergang oder auf das Hören einer Symphonie, schreite ich über das Geschaffene hinaus und gehe – nach einem Wort von Meister Eckhart – ein «in den Grund, der grundlos ist». Ewigkeit meint den Augenblick, der ganz tief erlebt wird. Lust ist Aufheben der Zeit und Erahnen der Ewigkeit. ༾

In der Zeit das Zeitlose

Ewigkeitserleben ist nicht etwas rein Geistiges im Gegensatz zur Materie. In der Materie wird der Geist erfahren, im Raum das Raumlose, in der Zeit das Zeitlose. Ganz im Augenblick zu sein heißt für mich, ganz in meinen Sinnen zu sein. ༾

25. NOVEMBER

Sehnsucht bezwingt den Tod

Nelly Sachs gab einen Gedichtband heraus mit dem Titel «In den Wohnungen des Todes». Allein aus der Nähe des Todes kann die Sprache der Sehnsucht wachsen. Die Sehnsucht bezwingt den Tod. Sie zerbricht nicht am Tod, sondern steht für den Neuanfang. «Alles beginnt mit der Sehnsucht.» Alles, was geschaffen ist, ist mit dem Stoff der Sehnsucht gefüllt. Von Sehnsucht erfüllt überwindet alles Geschaffene den Tod. Noch vor der Geburt beginnt unser Leben mit der Sehnsucht. Und sie endet nicht im Tod: Hier erfährt sie erst ihre Erfüllung. Denn sie schafft die Begegnung mit dem, der alles neu macht. ☙

26. NOVEMBER

Ohne Sehnsucht ...

Leben ohne Sehnsucht wird starr. Es verliert seine Spannung. Ohne Sehnsucht wird das Leben sinnlos. Es gibt nichts mehr, auf das der Mensch noch zustreben könnte. Wer kein Ziel mehr hat, wird zwar weitergehen, aber orientierungslos sein. Er könnte ebenso gut stehen bleiben. Ob er geht oder nicht, ob er strebt oder nicht, ob er das Tempo beschleunigt oder nicht – alles ist gleichermaßen ohne Sinn. Das Wesen des Menschen besteht darin, seine Seele auszuspannen zwischen dem Diesseits und dem Jenseits, zwischen den beglückenden und zugleich enttäuschenden Erfahrungen dieser Welt und der Sehnsucht nach absoluter Liebe und Lebendigkeit. Nur indem er das tut, kommt er wirklich zu sich. ☙

27. NOVEMBER
Mitfühlen

Mit dem anderen Menschen mitfühlen und mitleiden macht die Würde des Menschen aus. Mitleid ist ein Weg echter Menschlichkeit. Der buddhistische Lehrer Thich Nhat Hanh sagt: «Mitgefühl ist die einzige Energie, die uns helfen kann, mit einem anderen Menschen wirklich in Verbindung zu treten. Ein Mensch, der kein Mitgefühl in sich trägt, kann niemals wirklich glücklich sein!» Mitgefühl hebt die Isolierung der Menschen auf, schafft wirkliche Beziehung und adelt den, der es übt. Es ist die Bedingung, wirklich glücklich zu sein. Das klingt paradox: Denn wer mit dem anderen leidet, der fühlt dessen Schmerzen; der verlässt seine innere Ruhe, um beim anderen zu sein, um mit ihm zu fühlen. Das tut oft weh und wühlt einen tief auf. Dennoch ist Mitfühlen die Voraussetzung des Glücks. ❦

28. NOVEMBER
Göttliche Sehnsucht im Erdhaften

Wir vermögen wahrhaft Mensch zu werden, wenn wir das Erdhafte in uns annehmen und lieben – und zugleich im Erdreich unserer menschlichen Existenz die göttliche Sehnsucht wahrnehmen. Erde und Sehnsucht, diese beiden Pole braucht der Mensch, um wahrhaft Mensch zu sein. Ohne Sehnsucht bleibt die Erde, was sie ist. Und ohne Erde wird die Sehnsucht allzu leicht zur Flucht in himmlische Gefilde. Doch wenn die Erde unseres Menschseins durch die Finger der Sehnsucht geronnen ist, bietet sie uns den Boden an, auf dem wir gedeihen können. ❦

29. NOVEMBER
Eine kostbare Perle

Wir spüren in uns einen Drang, unsere Wunden zu verstecken. Vielleicht wehrst auch du dich dagegen, sie anderen zu zeigen. Du denkst, das würde dich schwächen. Doch das Gegenteil ist der Fall. Wenn du den Mut findest, deine Wunden zu zeigen, dann wirst du erfahren, wie Menschen zu dir kommen und dir von ihren Verletzungen und ihren Wunden erzählen. Deine Wunde wird zu einer kostbaren Perle werden, für dich selbst und für andere. Du musst deine Wunde freilich nicht jedem zeigen und brauchst auch ein Gewand, mit dem du deine Wunde bedecken kannst vor neugierigen Gaffern. Spüre, wo es angebracht ist, die Wunden zu zeigen, und wo es besser ist, sie zu bedecken. ❧

30. NOVEMBER
Advent

Es ist gut, vor jedem Adventssonntag ein kleines Ritual vor dem Adventskranz zu feiern, entweder allein oder am besten im Kreis der Familie. Dabei können wir eine Lesung aus der Sonntagsliturgie vorlesen und die Worte in uns eindringen lassen. Die Verheißungen der Propheten, die in der Adventszeit gelesen werden, wollen uns zeigen, dass Gott auch unser Leben verwandeln und erneuern wird. Wenn es geht, sollten wir gemeinsam ein Adventslied singen. Wenn die Familie musikalisch ist, kann sie gemeinsam eine Kantate anhören oder selber adventliche Musik spielen. Die Vorfreude auf Weihnachten wird dadurch nur noch tiefer. ❧

DEZEMBER

Ein Traum vom Menschen

1. DEZEMBER

Der Traum der Schöpfung

Gott hatte einen Traum. Er träumte die Schöpfung. Und er schuf sie. Er schuf den Himmel und die Erde, die Blumen und Gräser, die Bäume und Wälder, die Berge und Hügel, die Flüsse und das Meer, die Fische und Vögel, die Insekten und die Säugetiere. Aber es fehlte Gott etwas an seinem Traum. Da träumte er den Menschen, der nach seinem Bild und Gleichnis geschaffen ist. Doch der Mensch verdunkelte das Bild, das Gott sich von ihm gemacht hatte. Er entfremdete sich von Gott. Er trennte sich von seinem eigenen Ursprung, verschloss die Türen seines Herzens und ließ Gott nicht mehr bei sich eintreten. Er wandte sich gegen sich selbst und gegen seine Brüder und Schwestern. ∾

2. DEZEMBER

Der Traum der Erlösung

Gott träumte den Traum seiner Schöpfung von neuem. Er träumte, wie der Mensch eigentlich gedacht war. Und er verwirklichte seinen Traum, indem er einen neuen Anfang setzte. Er ließ seinen eigenen Sohn, das Bild seiner Herrlichkeit, Mensch werden. «Der Einzige, der Gott ist und am Herzen des Vaters ruht» (Johannes 1,18), er sollte Mensch werden und das Urbild des Menschen wieder herstellen. Er sollte den Menschen vor Augen führen, wie sie sein könnten, wenn sie in der Einheit mit Gott lebten. Er sollte sie an ihren göttlichen Ursprung erinnern, an den göttlichen Kern, den sie noch in sich trugen. An Weihnachten feiern wir den Traum Gottes. ∾

3. DEZEMBER

Rituale im Advent

In vielen Familien sind Rituale in der Adventszeit noch üblich und selbstverständlich. Aber viele Familien sind auch ratlos, wie Sie den Advent bewusst feiern können. Viele Menschen haben noch das Gespür dafür, dass die Adventszeit eine besondere Zeit für sie werden kann, eine stille Zeit, in der sie mit all ihren Sehnsüchten in Berührung kommen, mit der Sehnsucht nach Liebe und Geborgenheit, mit der Sehnsucht nach dem Kommen Jesu Christi, durch das ihr Leben eine neue Tiefe und Klarheit bekommt. Zugleich leiden sie daran, dass gerade diese Zeit immer hektischer wird. Und oft trauen sie sich nicht, die alten Rituale, die sie in der Kindheit vollzogen haben, in der Familie zu feiern. Sie haben Angst, die Kinder oder der Ehepartner könnten die Rituale ablehnen oder gar lächerlich machen. Daher ist es gut, schon vor Beginn der Adventszeit in der Familie anzusprechen, wie Sie gerne Advent und Weihnachten feiern möchten. Das Gespräch über die Rituale würde dann sehr schnell zu einem Gespräch über die Beziehungen in der Familie werden. Wollen wir überhaupt noch miteinander etwas feiern? Oder geht jeder seiner Wege? Trägt uns das noch, worauf Advent und Weihnachten hinweisen? – Sagen Sie, warum Ihnen die Rituale wichtig sind und was sie für Sie bedeuten. Dazu ist allerdings Mut nötig. Denn damit drücken Sie Gefühle aus und machen sich verwundbar. Doch es ist zugleich die Einladung an die Familie, sich über den Grund Gedanken zu machen, der sie trägt. ∾

4. DEZEMBER
Barbarazweige

Schon in vorchristlicher Zeit gab es den Brauch, vor der Sonnenwende Kirschzweige in eine Vase zu stellen, damit sie am 24. Dezember, dem dunkelsten Tag des Jahres, aufblühen. Die Kirschzweige galten als Liebeszweige. Wenn die Sonne sich verdunkelt und es draußen kalt wird, soll die Liebe die Herzen erleuchten und erwärmen. Die Christen haben diesen Brauch übernommen und mit dem Fest der heiligen Barbara verbunden. Barbara gehört zu den vierzehn Nothelfern. Ihr Name bedeutet ungefähr so viel wie «Ausländerin». Wir können sie also verstehen als die, die aus einer anderen Welt, aus der göttlichen Welt, zu uns kommt. Sie wird mit dem Turm dargestellt, einem Bild für Ganzheit. ∾

5. DEZEMBER
Nicht gezählte Stunden

«Die Stunden, die zählen, sind die Stunden, die nicht gezählt werden» (Karlheinz A. Geißler). Was wirklich zählt, das lässt sich nicht quantifizieren, nicht zählen und nicht messen. Glück ist immer zeitlos. Wer seine Stunden zählt, der lebt nicht in der Gegenwart. Als Kinder haben wir die Tage bis Weihnachten gezählt. Das hat der Adventszeit durchaus eine eigene Qualität gegeben. Dieses Zählen meint Karlheinz A. Geißler nicht. Denn ein solches Warten macht ja gerade sensibel für das Geheimnis der Zeit. Die Zeit hat etwas zu bieten. Sie hält etwas in ihrem Schoß für uns bereit, das uns beglückt. ∾

Nikolaus – ein Mensch der Liebe

In meiner Klosterzelle habe ich eine Ikone des heiligen Nikolaus. Wenn ich sein Gesicht betrachte, habe ich den Eindruck: Dieser Mann liebt nicht nur die Menschen, er ist Liebe. Alles in ihm strahlt diese Liebe aus. Sie hat Bischof Nikolaus dazu geführt, überall dort einzugreifen, wo Lieblosigkeit, Kälte und Ungerechtigkeit herrschten. Als ein Vater aus Armut seine drei Töchter zur Prostitution drängte, warf Nikolaus dreimal Gold in die Kammer der drei Töchter, so dass sie frei wurden von dem Zwang, ihren Körper anzubieten. Die Güte des väterlichen Nikolaus hat die Kälte des leiblichen Vaters erwärmt. Als eine Mutter unachtsam mit ihrer kleinen Tochter umging und diese auf dem Herd verbrannte, da glich der mütterliche Mensch Nikolaus aus, was die Mutter vernachlässigt hatte. Er sorgte für die Tochter und weckte sie wieder zum Leben. ∾

7. DEZEMBER

Bis die Weihnachtsglocke läutet

Ich kann mich noch gut daran erinnern, wie wir als Kinder am Heiligabend gewartet haben auf das Christkind, auf die Bescherung. Wir gingen mit dem Vater durch die Dunkelheit spazieren, sahen in den Häusern Lichter brennen. Und dann mussten wir oben in den Schlafzimmern warten, bis die Weihnachtsglocke läutete. Es war ein geheimnisvolles Erleben, in das nur mit Kerzen beleuchtete Wohnzimmer zu gehen. Kindliche Situationen prägen sich tief in die Seele ein. ∾

8. DEZEMBER

Advent – ankommen in uns selbst

Warum rühren uns viele Lieder und Texte, die im Advent gesungen werden, so tief an? Advent ist die Zeit, in der ein starkes Verlangen nach dem, was unser Herz zutiefst erfüllen und befriedigen kann, im Rhythmus des Kirchenjahres seinen Ausdruck findet. Diese Sehnsucht, die sich in den Liedern dieser Zeit ausdrückt, hat immer mit Liebe zu tun. – Unser Verlangen danach ist eine Grundbefindlichkeit. Sie weist über das Alltägliche und Banale hinaus und zielt auf Heimat und Geborgenheit, auf das verlorene Paradies. Das ist weder ungesund noch ein Ausdruck von Unreife oder Regression. Es zeigt vielmehr, dass wir uns nur dann dem Leben stellen können, wenn wir in uns selbst daheim sind und wenn wir wahrnehmen, dass Gott als das Geheimnis der Liebe in uns wohnt. ∾

9. DEZEMBER

Dann wird Gott in uns geboren

Der Mensch ist Königssohn und Königstochter. Er ist Sohn und Tochter Gottes. Und er ist Heiler und Heilerin. Gott träumt diesen Traum für jeden einzelnen Menschen immer wieder neu. Das Bild, das Gott sich von einem Menschen erträumt, ist jeweils einmalig und einzigartig. Unsere Aufgabe wäre, diesen einmaligen Traum Gottes in dieser Welt sichtbar werden zu lassen. Der Blick auf Jesus Christus, in dem Gottes Traum in unübertreffbarer Weise aufgeleuchtet ist, kann helfen, auch in uns das Bild aufscheinen zu lassen, das Gott sich von uns erträumt hat. ∾

Stern am Horizont unseres Herzens

Sterne sind Sinnbild menschlicher Sehnsucht. Sie leuchten in der Nacht, und sie strahlen über dem ganzen Erdkreis. Sie sind also Symbole der Hoffnung und der universalen Einheit. Seit je waren die Menschen fasziniert vom hellen Licht des Morgen- und Abendsterns. Am eindrücklichsten erzählt die Weihnachtsgeschichte von diesem Bild. Die Magier haben einen Stern gesehen und lassen sich von ihm leiten. Ein wunderbares Sternenbild wurde in der Antike als Zeichen der Ankunft des ersehnten Messias verstanden. In Qumran wurde das Kommen des Messias mit dem Aufgehen eines Sternes verglichen: «Es wird sein Stern am Himmel strahlen gleich einem König.» Die Sprache der Liebe lässt uns erahnen, was an Weihnachten geschieht: Da leuchtet in Christus ein Stern auf an unserem nächtlichen Himmel. Da bringt Christus durch seine Liebe Licht in unsere Dunkelheit. Der Stern, der am Himmel steht, verweist uns auf den Vater, der im Himmel ist. Er ist Bild unserer Sehnsucht nach dem ganz Anderen. Was wir am Himmel sehen, das ist aber immer auch eine Wirklichkeit in uns. Wir sprechen von dem Stern, der am Horizont unseres Herzens aufgeht, wenn wir mit unserer Sehnsucht in Berührung kommen, und wir spüren, dass unser Herz weit über alles Alltägliche hinausreicht, bis in die Welt Gottes, in der wir wahrhaft daheim sind. ∾

11. DEZEMBER
Mensch des Himmels

Weihnachten lädt dazu ein, dass wir selbst für andere zum Stern werden, der ihre Nacht erhellt und ihnen das Gefühl von Heimat schenkt. Wenn Menschen in einem solchen übertragenen Sinn von einem Stern sprechen, heißt das: Es ist etwas eingebrochen in ihre Nacht, etwas Glänzendes, etwas Liebes. Mit dem Stern ist Hoffnung in ihnen aufgekeimt. Der Stern weist den Weg. Der Weihnachtsstern sagt etwas, was über die Weihnachtszeit hinaus für unser Leben gilt: Wir sind nicht nur ein Mensch der Erde, sondern auch ein Mensch des Himmels. In uns leuchtet der Stern, der über uns hinausweist auf den, der vom Himmel herabkommt und unsere tiefste Sehnsucht erfüllt. ∾

12. DEZEMBER
Die Liebe des Universums

«Die Liebe ist das Amen des Universums» (Novalis). Die Liebe erfüllt das ganze Universum. Sie strömt uns aus einer schönen Blume entgegen. Sie begegnet uns in der Schönheit der Berge. Johannes vom Kreuz redet die Berge so an: «mein Geliebter». Sie waren für ihn verdichtete Liebe. Amen heißt Bejahung. In der Liebe bejaht sich das Universum selbst. Und in der Liebe sagt das Universum Ja zu uns Menschen. Wer sich der mütterlichen Erde überlässt, indem er sich auf eine blühende Frühlingswiese legt, der fühlt dieses Amen des Universums. Er fühlt sich von Liebe durchdrungen und umgeben. ∾

Die Geburt Jesu in der Fremde

Das Weihnachtsevangelium nach Lukas schildert uns die Geburt Jesu als Geburt auf dem Weg, als Geburt in der Fremde. Jesus ist der göttliche Wanderer, der vom Himmel herabkommt, um mit uns zu wandern und uns immer wieder an unseren göttlichen Kern zu erinnern. Er vermittelt uns, dass wir nicht nur Menschen dieser Erde sind, sondern zugleich Menschen des Himmels, auf dem Weg, bis auch wir in den Himmel aufgenommen werden. Das Bild der Wanderschaft taucht schon bei der Geburt Jesu auf. Die Eltern müssen sich auf Wanderschaft begeben. Aus Nazaret, ihrer Heimat in Galiläa, müssen sie sich aufmachen, um sich in Betlehem in die Steuerlisten eintragen zu lassen. Und dort erfahren sie das Schicksal der Fremden: Die Häuser der Menschen sind für sie verschlossen. ∾

14. DEZEMBER

Unser Heimat

Wir leben hier auf der Erde, aber wir sind hier letztlich nicht daheim. Unsere Heimat ist im Himmel. Die Häuser der Menschen sind zu eng für uns. Das Haus unserer Seele ist weiter. In uns wohnt Gott, der in keine menschliche Wohnung eingezwängt werden kann. An Weihnachten schmücken wir unsere Häuser, um auszudrücken, dass unsere Fremde zur Heimat geworden ist, weil Gott selbst unter uns wohnt, ja weil Gott in uns selber geboren werden will. ∾

15. DEZEMBER

Liebe sein

Jeder Mensch kennt die Sehnsucht, zu lieben und geliebt zu werden. Und auch in dieser Sehnsucht werden wir Erfüllung und Enttäuschung erfahren. Wir werden nie erleben, dass jemand kommt, der uns so liebt, dass wir für immer satt sind. Eine tiefe Liebeserfahrung weckt die Sehnsucht nach einer Intensivierung. Das Ziel der verzaubernden und der enttäuschenden Erfahrungen der Liebe ist, dass wir Liebe sind. Manchmal dürfen wir diese Erfahrung machen. Da sind wir voller Liebe. Da lieben wir nicht mehr einen bestimmten Menschen, sondern die Liebe in uns strömt zu allem, was ist. In solchen Augenblicken ahnen wir, wohin uns die Sehnsucht führen möchte. In solchen Augenblicken sind wir in der Liebe und letztlich in Gott. «Gott ist Liebe, und wer in der Liebe bleibt, bleibt in Gott und Gott bleibt in ihm» (1. Johannesbrief 4,16). ∞

16. DEZEMBER

Ahnungen tauchen auf

Es ist hilfreich, sich ganz bewusst immer wieder die Frage zu stellen: «Was ist meine tiefste Sehnsucht?» Es muss nicht gleich eine Antwort darauf geben. Aber diese Frage führt uns tief in unser Inneres. Ahnungen tauchen auf, die uns mit unserem tiefsten Wesen in Berührung bringen. Und auf einmal spüren wir: Diese Welt ist nicht alles. Auch wenn unser Leben noch so reich ist – es gibt noch eine Wirklichkeit, die reicher ist. Unsere Sehnsucht bringt uns mit ihr in Berührung. ∞

17. DEZEMBER

Gesunde Spannung

Das deutsche Wort «Sehnsucht» kommt von der «Sehne». Die Sehne spannt sich. Sehnsucht erzeugt im Menschen eine gesunde Spannung zwischen dem, was ist, und dem, wonach er sich sehnt. In dieser Spannung weitet sich das Herz. Ohne Sehnsucht verliert der Mensch seine Spannung. Neben einem Menschen, der die Sehnsucht verloren hat, fühlen wir uns nicht wohl. Von ihm geht Kälte und Hoffnungslosigkeit aus. Mit einem Menschen voller Sehnsucht können wir uns gut unterhalten. Da wird das Gespräch spannend. Es dringt in die Tiefen des Menschseins vor. Die Sehnsucht führt uns zu dem Potenzial, das in unserer Seele bereitliegt. ∾

18. DEZEMBER

Sehnsucht nach mehr

Für mich ist Sehnsucht die Befähigung, in dieser unvollkommenen Welt leben zu können, ohne an der Unvollkommenheit zu zerbrechen. Denn die Sehnsucht sagt mir, dass weder meine Arbeit noch meine Partnerschaft oder Freundschaft, weder meine Firma noch meine Familie oder Gemeinschaft alles sein müssen. Ich werde in meiner Arbeit und in meiner Freundschaft Erfüllung und Enttäuschung erleben. Beides weckt in mir die Sehnsucht nach mehr, nach wahrem Frieden und unendlicher Freiheit, nach Glück und Geborgenheit. Die Erfüllung weckt neue Sehnsucht. Und die Sehnsucht hält mich lebendig, damit ich mich immer wieder ausstrecke nach der Fülle des Lebens. ∾

19. DEZEMBER
Wo die Liebe wohnt

Immer wieder erzählen mir Frauen, die sich in einen Mann verliebt haben, wie unglücklich sie seien, weil der Mann ihre Liebe nicht erwidert. Sie sehnen sich nach seiner Liebe. Aber sie erfahren keine Erfüllung ihrer Sehnsucht. Ich antworte dann immer mit dem Wort von Exupéry: «In der Sehnsucht nach Liebe ist schon Liebe.» Die Sehnsucht, die der Mann in der verliebten Frau weckt, gehört der Frau. Die kann ihr niemand nehmen. Und in der Sehnsucht erfährt sie in sich Liebe. Der Gedanke an den Mann bringt sie in Berührung mit der Liebe, die auf dem Grund ihrer Seele ist. Wenn sie diese Liebe in sich bewusst erfährt, wird sie unabhängig von diesem konkreten Mann. Wenn der Mann die Liebe erwidert, darf sie sie dankbar genießen. Aber auch wenn er nicht darauf antwortet, muss sie deshalb nicht unglücklich sein. Sie hat etwas erfahren, was ihr niemand nehmen kann. Sie hat in sich die Sehnsucht nach Liebe erfahren. Und diese Sehnsucht hat sie in den Grund ihrer Seele geführt, in dem sie Liebe ist. Diese Liebe kann ihr nicht genommen werden. Sie ist ihr Besitz. Sie kann geweckt werden durch andere, aber sie wird nicht von anderen gestillt. ⌒

20. DEZEMBER
Es braucht die Übung

Für mich ist die Bibel eine unerschöpfliche Quelle. Auch wenn ich viele Texte schon oft meditiert habe, entdecke ich immer wieder Neues. Und je nach meiner persönlichen Verfassung spricht mich ein altvertrautes Wort auf einmal ganz neu an. Ich spüre, dass es nicht nur Worte großer Dichtung sind, sondern geisterfüllte Worte, die Leben spenden. Der Psalmist spricht genau das aus, wenn er bekennt: «Dein Wort ist meinem Fuß eine Leuchte, ein Licht für meine Pfade» (Psalm 119,105). Es braucht freilich den Heiligen Geist, damit ich die Worte der Bibel so verstehe, dass sie zu einem Licht für mein Leben werden.

Oft fällt mir ein Wort aus der Bibel ein, wenn ich im Gespräch mit einem Hilfesuchenden nicht weiterkomme. Es bringt Licht in das Dunkel und zeigt einen neuen Weg, auf den ich durch eigenes Nachdenken nicht gekommen wäre.

Aber es braucht eben auch die Übung, mit dem Wort der Schrift zu leben, es immer wieder zu lesen und zu meditieren, damit es tief in mich hineinfallen und mich von innen her prägen und zum Leben inspirieren kann. ∾

21. DEZEMBER

Ein neuer Anfang

Im Weihnachtsfest geht es um den neuen Anfang. Wir sind nicht festgelegt auf die Geschichte unserer Verletzungen und Kränkungen. Gott setzt in der Geburt Jesu einen neuen Anfang. Wenn Christus in uns geboren wird, so kommen wir in Berührung mit dem unverfälschten und unberührten Bild Gottes in uns. ∾

22. DEZEMBER
Bedeutung der Nacht

Die Nacht ist für uns Mönche eine heilige Zeit. Im Kloster stehen wir jeden Tag um 4.40 Uhr auf! Wir Mönche wachen, während die Welt schläft, weil wir hoffen, dass die Nachtstille zu einer Zeit der Erfahrung mit Gott wird. Er spricht mit uns während dieser Zeit der großen Stille. Aufgrund der Tiefe dieser Erfahrung ist es auch kein Wunder, dass alle Religionen die Bedeutung der Nacht sehen und unterstreichen. In der Nacht wächst die Sehnsucht. Das Christentum feiert mit Weihnachten und Ostern zwei große Nächte, in denen wir auf Christus warten. ∾

23. DEZEMBER
Nachsicht

Ein indisches Sprichwort sagt: «Kümmere dich nicht allzu sehr um Fehler anderer Menschen, was sie getan und nicht getan. Wie du selber handelst, was du selber unterlässt – das solltest du viel mehr im Auge behalten.» Die Menschen sind sich überall gleich. Dementsprechend finden wir ähnliche Weisungen in allen Kulturen.
Menschen können nur dann auf Dauer zusammenleben, wenn sie nachsichtig miteinander sind. Wenn einer dem anderen jeden Fehler vorwirft, wenn einer den anderen ausspioniert, um seine Schwachstellen zu entdecken, dann wir das Miteinander unmenschlich. ∾

24. DEZEMBER
Rituale am Heiligen Abend

In unserer Familie war es immer ein berührendes Ritual, wenn wir alle vor dem Christbaum standen, dessen brennende Kerzen das Wohnzimmer in ein warmes Licht tauchten. Der Vater las die Weihnachtsgeschichte aus dem Lukasevangelium vor. Dann sangen wir gemeinsam «Stille Nacht». Es ist ein einfaches Ritual. Aber es gibt dem Heiligen Abend ein besonderes Gepräge. Wer diesen Abend ohne Rituale feiert, wird bald spüren, dass das bloße Zusammensitzen und Miteinander-Essen leer wird. Es braucht gerade an diesem Abend Rituale, damit wir wirklich Weihnachten feiern können. – Eine adlige Frau erzählte mir, dass in ihrer Familie nach Ritualen gefeiert werde, die seit Jahrhunderten üblich seien. Das ist keine Nostalgie. Die Familie drückt damit aus, dass sie teilhat an der Glaubenskraft und Lebenskraft der vergangenen Geschlechter. Sie spürt in diesen Ritualen die tiefen Wurzeln, aus denen sie lebt. Sie hat teil an dem Glauben, der die Großmutter und den Urgroßvater befähigt hat, ihr Leben in schweren Zeiten zu bewältigen. Aber die Rituale müssen immer wieder mit Sinn erfüllt werden, und sie brauchen ein behutsames Vollziehen. Nur so werden sie für uns stimmig und schenken uns Anteil an der Sehnsucht, die die Menschen seit je mit Weihnachten verbunden haben, an der Sehnsucht nach Frieden, nach Liebe, nach Geborgenheit, nach einem neuen Anfang, nach der Nähe des heilenden Gottes. ∾

25. DEZEMBER
Ich brauche auch die Stille

Weihnachten ist ein Familienfest. Aber es ist auch ein Fest der Mystik, ein Fest der Stille. Daher braucht es auch persönliche Rituale, die ich an Weihnachten allein für mich vollziehe. Wenn ich immer nur mit den anderen zusammen bin, fehlt mir etwas Wesentliches von Weihnachten. Ich brauche auch die Stille und die Einsamkeit, damit ich die Geburt Jesu Christi in meinem Herzen erahne.

Für mich gibt es eine Gebärde, die für die Weihnachtszeit passt und das Geheimnis dieser Zeit gut zum Ausdruck bringt. Es ist die Gebärde der Hände, die ich übereinander in die Brustmitte halte.

Es gibt die Haltung der überkreuzten Arme über der Brust. Das ist die Gebärde, die Tür zu schließen und den inneren Raum der Stille zu schützen. Davon unterschieden ist diese weihnachtliche Gebärde: Ich spüre mit beiden Händen die Wärme in der Brustmitte. Und ich spüre die Sehnsucht, die in meiner Brust aufsteigt. In der Sehnsucht spüre ich mich selbst, und ich spüre Gott. Und in der Sehnsucht nach Geborgenheit fühle ich bereits Heimat. ∾

26. DEZEMBER
Das Bild des Stalles

Jesus wurde im Stall geboren, «weil in der Herberge kein Platz für sie war» (Lukas 2,7). Seit dem Mittelalter haben die Künstler mit Vorliebe den Stall dargestellt, in dem Jesus geboren wurde. Offensichtlich hat sie das Bild des Stalles sehr bewegt. Der Schweizer Psychologe C. G. Jung meinte, der Mensch solle immer daran denken, dass er nur der Stall ist, in dem Gott geboren wird, und nicht der Palast, den er Gott gerne anbieten möchte. Wo die Menschen wohnen, wo sie sich daheim fühlen, dort sind die Türen verschlossen. Stall, das steht für den Bereich in uns, in dem die Tiere wohnen, das heißt die Instinkte, die Triebe, die Vitalität, die Sexualität. Diesen «tierischen» Bereich möchten wir am liebsten vor uns selbst und vor den Menschen verstecken. Aber gerade dort will Gott in uns geboren werden. ∾

27. DEZEMBER
Die Würde der Nacht

Für viele Menschen wird die Nacht heute zum Tag. Sie sitzen halbe Nächte vor dem Fernseher. Andere sind Nachtarbeiter. Sie kommen nicht ins Bett, weil sie dies oder jenes noch erledigen wollen. Andere bleiben bei einer gesellschaftlichen Runde einfach sitzen. Sie meinen, etwas zu verpassen, wenn sie ins Bett gehen. Wer kein Gespür hat für die Würde der Nacht – so meint ein italienisches Sprichwort –, der wird auch den Tag nicht gut bestehen. Er wird keinen Blick haben für das Geheimnis des Morgens, für die Frische des Morgens, die das Herz erquickt, für das Aufsteigen des Lichtes. Nur wer im Rhythmus des Tages und der Nacht lebt, erfährt das Geheimnis des Lebens. ∾

28. DEZEMBER

Unsere Seele neu entdecken

Seele meint Fantasie, Kreativität, Offenheit für das Göttliche, leise Impulse, Spontaneität, Intuition. In unserer seelenlosen Welt ist es Bedingung für unsere Gesundheit, dass wir wieder mit unserer Seele in Berührung kommen. Und es würde ein neues Miteinander entstehen, wenn wir der Seele in uns mehr Raum geben. Für unseren spirituellen Weg ist es unerlässlich, dass wir unsere Seele neu entdecken. Meister Eckhart spricht vom Seelengrund, in dem die Gottesgeburt in uns stattfindet und uns zu unserem unberührten und unverfälschten Selbst führt. ❧

29. DEZEMBER

Meine Wurzeln, mein Lebensbaum ...

Ein Baum kann nur wachsen und seine Krone entfalten, wenn er tiefe Wurzeln hat. Die Eltern stellen unsere Wurzeln dar. Auch wenn Vater und Mutter uns verletzt haben, so bilden sie doch die Wurzeln, die uns nähren. Daher hat es wenig Sinn, wenn der Sohn die Wurzeln seiner Mutter abschneidet. Dann würde er wurzellos und sein Baum würde vertrocknen. Aber der Baum des Sohnes darf nicht mit dem Baum der Mutter zusammenwachsen. Die Symbiose mit der Mutter würde seinem Baum den Raum wegnehmen, den er zur Entfaltung braucht. Nur der ist erwachsen, der sich von seiner Mutter abgrenzen kann, der mit ihr sprechen kann, ohne sich gegängelt zu fühlen, der mit ihr umgehen kann, ohne sich ständig anzupassen. ❧

Für Optimisten kein Problem

Es gibt heute eine Flut von Ratgeberbüchern. Sie versprechen Hilfe, unser Leben besser zu bewältigen. Die vielen Ratschläge wollen zeigen, wie man das Leben in den Griff bekommt, wie es sinnvoll zu leben wäre. Manchmal hat man den Eindruck, dass das Leben wie ein Feind angesehen wird, den man zu überwältigen versucht. Der große südfranzösische Dichter Marcel Pagnol zeigt uns einen anderen Weg, mit dem Leben umzugehen: «Leben ist für den Optimisten kein Problem, sondern bereits die Lösung.» Dahinter steckt nicht nur südliche Lebensfreude, sondern die tiefe Weisheit: Es geht nicht darum, das Leben in den Griff zu bekommen, sondern dem Leben Raum zu geben. Das Leben ist nicht das Problem, das wir lösen sollen. Wenn das Leben strömt, dann ist das schon die Lösung. Leben hat etwas zu tun mit Fließen und Strömen. Unsere Aufgabe kann nur sein, dem strömenden Leben nicht Einhalt zu gebieten, sondern ihm freien Lauf zu lassen. Und an uns liegt es, das Leben zu spüren, das schon in uns ist. Wer mit dem Leben in Berührung ist, für den ist es kein Problem, sondern schon die Lösung. ∾

Einander segnen und Segen sein

Einen anderen segnen bedeutet, gut über ihn sprechen, ihm Gutes sagen, ihm das Gute zusagen. Indem ich das Gute in ihm anspreche, kommt er mit dem Guten in Berührung, das schon in ihm ist. Segnen heißt aber nicht nur, Gutes über den andern sagen, sondern zu ihm selbst gut reden, ihm gute Worte sagen, die ihn aufrichten. Für die Juden bedeutet Segen die Fülle des Lebens. Der von Gott gesegnete Mensch hat alles, wessen er bedarf.

Wenn ich einen Menschen segne, wünsche ich ihm alles erdenklich Gute, wünsche ich ihm, dass Gott ihm die Fülle des Lebens schenken möge und dass er selbst zu einer Quelle des Segens werden kann für andere. ∾

Zum Ausklang
Eines Buches Wunderkraft

Ingeborg Bachmann schreibt in «Malina» von ihrer eigenen Sehnsucht nach einem Buch, das das Wunderbare der Welt einfängt, einem Buch voller Licht und Lust am Leben. Sie möchte dieses Buch selber verfassen, besser gesagt, sie will die Worte dieses Buches finden. Offensichtlich spricht die Dichterin von ihrer eigenen Dichtkunst. Ihr Ziel war es, ein Buch zu schreiben, das den Menschen die Augen öffnet und ihnen neue Freude am Leben schenkt: «Ein Brausen fängt an in meinem Kopf und dann ein Leuchten, einige Silben flimmern schon auf, und aus allen Satzschachteln fliegen bunte Kommas, und die Punkte, die einmal schwarz waren, schweben aufgeblasen zu Luftballons an meine Hirndecke, denn in dem Buch, das herrlich ist und das ich also zu finden anfange, wird alles sein wie ein Exsultate Jubilate ... Hört nur, hört! Schaut nur, schaut! Ich habe etwas Wunderbares gelesen, darf ich es euch vorlesen, kommt näher alle, es ist zu wunderbar!»

Wir meinen, Bücher seien dazu da, unser Wissen zu vermehren. Ingeborg Bachmann hält etwas anderes dagegen: Das Buch, nach dem sie sich sehnt, würde allein durch das Lesen schon die Menschen zum Staunen führen über das Wunderbare, das da steht. Das Buch wirkt Wunder für den, der es liest. Es verzaubert ihn und führt ihn in eine andere Weit, in der er neue Lust am Leben findet: Freude und Dankbarkeit für das Wunderbare, das in dem Buch steht und das er durch das Buch in sich selbst wieder entdeckt. ∾

Textquellen

Die Texte dieses Buches wurden aus folgenden Büchern von Anselm Grün ausgewählt; sie sind alle erschienen im Verlag Herder, Freiburg im Breisgau.

Alles lassen, weil Er mich nicht lässt. Berufen, das Evangelium zu leben (zus. mit Andrea Schwarz) (Neuausgabe 2006)

Bleib deinen Träumen auf der Spur. Buch der Sehnsucht ([8]2008)

Das Buch der Lebenskunst ([4]2008)

Das kleine Buch vom wahren Glück ([16]2008)

Das kleine Buch vom guten Leben (2007)

Das kleine Buch der Lebenslust (2005)

Der Himmel beginnt in dir. Das Wissen der Wüstenväter für heute (Neuausgabe 2008)

Die Freude wird vollkommen sein. Die Botschaft des Paulus an die Christen in Philippi (2005)

Ein ganzer Mensch sein. Die Kraft eines reifen Glaubens (2006)

50 Engel für das Jahr ([34]2008)

50 Engel für die Seele ([11]2008)

50 Rituale für das Leben (2008)

Glückseligkeit. Der achtfache Weg zum gelingenden Leben

Goldene Regeln zum Glücklichsein (2008)

Grenzen setzen – Grenzen achten. Damit Beziehungen gelingen – Spirituelle Impulse (zusammen mit Ramona Robben) ([3]2008)

Komm in Berührung. Jugendgebete ([3]2008)

Licht, das die Nacht erhellt. Der meditative Adventskalender (2007)

Mit Anselm Grün zur inneren Balance finden (⁴2008)
Österlich leben (³2001)
Quellen innerer Kraft. Erschöpfung vermeiden – Positive
  Energien nutzen (⁷2008)
Verwandle deine Angst. Ein Weg zu mehr Lebendigkeit –
  Spirituelle Impulse (³2007)
Weihnachtlich leben (⁹2007)

Für diese Ausgabe wurden einige Texte leicht überarbeitet
und gekürzt.

Anselm Grün im Verlag Herder

«Was soll ich tun?»
Antworten auf Fragen, die das Leben stellt
Herausgegeben von Anton Lichtenauer
256 Seiten | Gebunden mit Schutzumschlag
ISBN 978-3-451-29985-8
Pater Anselm antwortet allen, die sich an ihn wenden – nie mit einfachen Rezepten, aber oft mit einer überraschend neuen Sichtweise..

Anselm Grüns Buch der Antworten
Herausgegeben von Anton Lichtenauer
272 Seiten | Gebunden mit Schutzumschlag und Leseband
ISBN 978-3-451-29630-7
Was bin ich eigentlich wert? Bin ich frei? Wie finde ich mein Glück? Wird alles gut? ... Anselm Grün spürt dem roten Faden in unserem Leben nach.

50 Rituale für das Leben
160 Seiten | Gebunden mit Schutzumschlag
ISBN 978-3-451-29843-1
Anselm Grün hat hier die schönsten und bewährtesten Rituale beschrieben, die zur inneren Ruhe und so zum tieferen Sinn des Lebens führen.

Glückseligkeit
Der achtfache Weg zum gelingenden Leben
160 Seiten | Gebunden mit Schutzumschlag
ISBN 978-3-451-29603-1
Anselm Grün erschließt die Seligpreisungen als Übungsweg zu einem gelingenden Leben. Ein Buch über spirituelle Praxis des gesunden Lebens und über die Kunst glücklich zu sein – meisterhaft und lebensnah.

Dem Alltag eine Seele geben

Herausgegeben von Ludger Hohn-Morisch
144 Seiten | Klappenbroschur
ISBN 978-3-451-28403-8
«Dem Alltag eine Seele geben» versammelt Leitgedanken für ein vertieftes Leben gerade in der Normalität des Alltags.

Ein ganzer Mensch sein
Die Kraft eines reifen Glaubens

128 Seiten | Durchgehend zweifarbig | Paperback
ISBN 978-3-451-28897-5
Wie finde ich zu einem reifen Glauben? Auf diese Frage antwortet Anselm Grün aus seiner reichen theologischen und psychologischen Erfahrung in der Begleitung von Menschen.

Verwandle deine Angst
Ein Weg zu mehr Lebendigkeit – Spirituelle Impulse

160 Seiten | Gebunden mit Schutzumschlag
ISBN 978-3-451-28980-4
Anselm Grün geht es nicht um die klassische Therapie, sondern um spirituelle Wege, mit der Angst umzugehen, sein Herz aus der Enge zu befreien.

Der Himmel beginnt in dir
Das Wissen der Wüstenväter für heute

144 Seiten | Gebunden mit Schutzumschlag
ISBN 978-3-451-32103-0
Anselm Grüns Standardwerk erschließt die Spiritualität der frühchristlichen Mönche für die Gegenwart. In geradezu verblüffender Weise tritt die lebensunmittelbare Glaubensform der Wüstenväter vor Augen.

HERDER

Jahreslesebücher im Verlag Herder

Anselm Grün
Mit Herz und allen Sinnen
Gute Gedanken für jeden Tag
400 Seiten | Gebunden mit Leseband
ISBN 978-3-451-28575-2
Wer sich von Anselm Grüns Texten inspirieren lässt, findet zu neuer Aufmerksamkeit für den verborgenen Reichtum des Alltags und zu einem tiefen Vertrauen in ein Leben im Einklang mit sich selbst.

Andrea Schwarz
Und jeden Tag mehr leben
Mit 12 Illustrationen von Thomas Plaßmann
400 Seiten | Gebunden mit Leseband
ISBN 978-3-451-32169-6
Andrea Schwarz hat eine besondere Gabe: Auf sehr persönliche Weise handeln die Texte von Erfahrungen, die Lebensschritte möglich machen. Sie alle haben das Ziel, den Leserinnen und Lesern Mut zu machen, jeden Tag mehr zu leben.

Christa Spilling-Nöker
Einfach gerne leben!
365 gute Tage
Durchgehend zweifarbig mit 12 Abbildungen
240 Seiten | Gebunden mit Lesebändchen
ISBN 978-3-451-32173-3
Motivationen für jeden Tag des Jahres: die Texte der beliebten Erfolgsautorin bieten zahlreiche Impulse für ein bewusstes, gelingendes Leben.

Phil Bosmans
Leben jeden Tag
365 Vitamine für das Herz
Übersetzt und herausgegeben von Ulrich Schütz
Durchgehend zweifarbig mit 12 Abbildungen
256 Seiten | Gebunden mit Leseband
ISBN 978-3-451-32142-9
Phil Bosmans ist ein Meister darin, in einfachen Worten Wesentliches auf den Punkt zu bringen und unmittelbar zum Herzen zu sprechen. Seine schönsten Texte in besonders lesefreundlicher Schrift und farbiger Gestaltung.

Pierre Stutz
Der Stimme des Herzens folgen
Jahreslesebuch
400 Seiten | Gebunden mit Leseband
ISBN 978-3-451-28743-5
Eine zentrale Erfahrung, ein Gedanke von Pierre Stutz für jeden Tag. Innehalten, bei sich selbst zu Hause und im Frieden sein.

Anthony de Mello
365 Geschichten, die gut tun
Weisheit für jeden Tag
Herausgegeben von Jorg Lix
Durchgehend zweifarbig mit 12 Abbildungen
256 Seiten | Gebunden mit Leseband
ISBN 978-3-451-29245-3
Anthony de Mello versammelt seine prägnantsten Weisheitsgeschichten: Erfrischung für die Seele an jedem Tag des Jahres. Lebenshilfe auf sympathische und kurzweilige Art.

Benedikt XVI.
Gott ist bei uns jeden Tag
Jahreslesebuch
Herausgegeben von Franz Johna
400 Seiten | Gebunden mit Leseband
ISBN 978-3-451-29916-2
Ein Text von Papst Benedikt XVI. als geistlicher Impuls für jeden Tag des Jahres. Inspirierende Aussagen und Anregungen aus Botschaften, Ansprachen und Schreiben, passend zum Jahreslauf zusammengestellt.

Christian Feldmann
Kämpfer – Träumer - Lebenskünstler
Große Gestalten und Heilige für jeden Tag
672 Seiten | Gebunden mit Schutzumschlag und Leseband
ISBN 978-3-451-32049-1
Das große ökumenische Haus- und Lesebuch: 720 Einträge und 165 Abbildungen für jeden Tag des Jahres – Heilige und Glaubenszeugen der christlichen Kirchen nach ihren Gedenktagen, aber auch große Gestalten der Menschheit, deren Bedeutung für die Gegenwart unverändert ist.

HERDER

Umschlagmotiv:
© photocase.de/emma75
Abbildungen im Innenteil:
Alle © photocase.de; S. 11: schoenen, S. 31: flowerpower; S. 51: secretgarden,
S. 73: pinkiwinki, S. 93: muetzenmaedchen, S. 113: blindguard, S. 131: mr. nico,
S. 151: patiza, S. 171: mol t, S. 189: s11, S. 209: chrises, S. 229: andybahn

Innengestaltung:
Weiß-Freiburg GmbH – Graphik & Buchgestaltung

Herstellung:
fgb · freiburger graphische betriebe
www.fgb.de

Gedruckt auf umweltfreundlichem,
chlorfrei gebleichtem Papier
Printed in Germany

ISBN 978-3-451-32185-6